ICT 정부 R&D 지원금 아낌없이 활용하기

ICT 정부 R&D 지원금
아낌없이 활용하기

김영모 지음

http://www.crownbook.com

책을 펴내며

기업경쟁력 제고를 위한
정부 R&D 자금 활용 가이드

정부는 매년 일정 금액의 예산을 편성하여 기업, 학교 등에 정부 R&D 사업을 지원하고, 이에 대한 설명회를 부처 합동으로 전국을 순회하며 개최하고 있다. 중소기업 입장에서 이러한 정부 R&D 사업은 어떤 의미가 있을까? 또 대표나 담당자들도 우리 회사 또는 우리 팀에 어떤 의미가 있는지 한 번쯤 고민해 보았을 것이다.

일반적으로 기업을 경영할 때 가장 기본이 되는 것은 인력·조직, 기술·생산, 자금 그리고 마케팅이다. 이 4가지 요소를 적절히 운영하여 사업을 원활하게 진행하고 수익을 창출하는 것이 곧 경영자의 능력이다.

경영자 입장에서 정부 R&D는 2가지 측면에서 바라볼 수 있다. 첫째는 신기술 확보에 대한 것으로 현재의 기술이 아닌 다음 단계, 즉 차세대 먹거리가 될 수 있는 기술을 확보하는 것이고, 다른 하나는 자금 조달 측면이다. 기업에서 자금을 조달하는 방법은 크게 민간에서 조달하는 방법과 정부에서 조달하는 방법으로 나뉘며, 많은 중소기업은 민간보다 정부를 통한 자금 조달에 더 많은 관심을 가지고 있다.

이렇게 조달된 R&D 자금은 사업에 대한 운전 자본으로 활용되며, 중소기업 또는 창업기업에서 인력과 조직을 유지하기 위한 고정비, 즉 인건비를 확보하는 데 중요한 도움을 줄 수 있다. 기업의 인건비는 회사를 운영할 때 가장 부담이 되는 항목이다.

이 책은 정보통신기술(ICT)·소프트웨어(SW), 중소기업이 정부 R&D를 수행하기 위한 필요 사항을 정리·설명하였으며, 주요 내용으로 정부 R&D 사업의 이해, 수요조사서·과제기획서·연구계획서 작성법에 대하여 다루었다.

이 책을 통하여 많은 ICT 기업들이 정부 R&D 자금을 아낌없이 활용하여 기업의 경쟁력을 제고하길 진심으로 바란다.

2017년 김영모

차 례

part 1 정부 R&D 사업의 이해

    Ⅰ. 정부 R&D 사업의 개요   11
    Ⅱ. 정부 R&D 사업체계   14
    Ⅲ. 정부 R&D 사업의 절차 및 공고   20

part 2 수요조사서 작성

    Ⅰ. 수요조사서 이해하기   29
    Ⅱ. 수요조사서 작성하기   36

part 3 과제기획서 작성

    Ⅰ. 과제기획서 개요   51
    Ⅱ. 과제 기획의 필수 요소   54
    Ⅲ. 과제기획서 작성하기   54

part 4 자유공모 과제 연구계획서 작성

    Ⅰ. 자유공모 과제 연구계획서 개요   111
    Ⅱ. 연구계획서 작성하기   112
    Ⅲ. 사업비 비목별 소요명세서 작성하기   155

part 5 평가 준비

    Ⅰ. 평가 개요   161
    Ⅱ. 서면 평가   162
    Ⅲ. 대면 평가   166

정부 R&D 사업의 이해

I. 정부 R&D 사업의 개요

R&D(Research and Development)는 우리말로 '연구개발'이라 하며, OECD는 R&D를 '인간·문화·사회를 망라하는 지식의 축적분을 늘리고 그것을 새롭게 응용함으로써 활용성을 높이기 위해 체계적으로 이루어지는 창조적인 모든 활동'이라 정의하고 있다. 또한 국제회계기준위원회(IASB)에서는 R&D에 대해 '연구(research)'를 '새로운 과학적·기술적 지식과 이해를 얻기 위하여 행해진 독창적·계획적 조사'로 '개발(development)'을 '상업적 생산을 시작하기 이전의 활동으로 새로운 또는 개량된 재료·장치·제품·제조법·시스템 또는 서비스 생산 계획이나 설계에 연구 성과와 다른 지식을 적용하는 것'으로 구분하여 정의하고 있다.

R&D는 사업을 추진하는 주체(자료의 출처)에 따라 정부 R&D와 민간 R&D로 나눌 수 있으며, 정부 R&D는 정부 부처와 청에서 주도하는 연구개발을 뜻하고, 민간 R&D는 정부 부처가 아닌 민간 영역에서 진행하는 연구개발을 뜻한다. 이 책은 정부 R&D를 위주로 설명하고 있다.

정부에서는 R&D를 기초연구, 응용연구, 개발연구로 구분하여 진행하고 있으며, 연구에 대한 내용과 이를 기반으로 하는 구현, 즉 개발에 대한 내용이 포함된 연구 활동을 다룬다.

정부에서는 매년 일정 금액을 R&D 자금으로 지원하고 있으며, 2016년에는 19.1조 원을 부처별로 나누어 지원하였고, 2017년에는 전년 대비 3,429억(1.8%) 늘어난 19.4조 원이 예산으로 책정되었다. 아래 표는 2017년에 배분된 각 부처 예산 규모와 기술 분야별 예산 규모를 보여 주며, ICT R&D 부처인 미래창조과학부, 산업통상자원부가 각각 6.8조, 3.2조로 1, 2위의 예산 규모를 차지하고 있는 것을 알 수 있다.

2017년 부처별 R&D 예산(총 지출 기준)

(단위 : 백만 원, %)

부처명	2016 예산(A)	2017 예산안(B)	증감 B-A	증감 (B-A)/A
미래창조과학부	6,557,141	6,815,522	258,381	3.9
산업통상자원부	3,407,325	3,274,751	-132,574	-3.9
방위사업청	2,557,135	2,787,135	230,000	9.0
교육부	1,739,743	1,749,406	9,663	0.6
중소기업청	956,250	960,118	3,868	0.4
농촌진흥청	630,533	632,189	1,656	0.3
해양수산부	572,314	592,379	20,065	3.5
보건복지부	532,290	516,986	-15,304	-2.9
국토교통부	445,831	473,764	27,933	6.3
국무조정실	465,903	456,846	-9,057	-1.9
환경부	305,406	302,551	-2,855	-0.9
농림축산식품부	218,436	207,690	-10,746	-4.9
기상청	164,087	128,112	-35,975	-21.9
산림청	103,954	103,813	-141	-0.1
식품의약안전처	81,871	84,439	2,568	3.1
문화체육관광부	85,838	82,281	-3,557	-4.1
국민안전처	68,620	63,824	-4,796	-7.0
원자력안전위원회	61,216	63,482	2,266	3.7
문화재청	38,318	40,112	1,794	4.7
국방부	40,967	38,296	-2,671	-6.5
특허청	38,821	37,181	-1,640	-4.2
경찰청	5,106	9,715	4,609	90.3
행정자치부	6,690	7,313	623	9.3

부처명	2016 예산(A)	2017 예산안(B)	증감 B-A	증감 (B-A)/A
기획재정부	6,545	5,290	-1,255	-19.2
고용노동부	800	776	-24	-3.0
새만금청	800	776	-24	-3.0
인사혁신처	362	500	138	38.1
통일부	410	390	-20	-4.9
행정중심복합도시건설청	388	388	–	–
공정거래위원회	402	382	-20	-5.0
외교부	331	315	-16	-4.8
여성가족부	290	290	–	–
법제처	66	63	-3	-4.5
법무부	48	46	-2	-4.2
합계	19,094,347	19,437,122	342,885	1.8

미래창조과학부 자료를 활용하여 작성

※ 2017년 정부 발표 자료에 따르면, 지금까지 우리나라의 R&D 지원비는 2015년 기준 72,267(5.50%)억 원으로 세계 6위 수준이고, GDP 대비 국가 총 연구개발비 비중은 세계 1위(4.023%)로 나타났다. 정부는 매년 R&D 투자 규모를 확대하려는 기조를 견지하려고 하나 예산에 있어서 그 증가율(2012년 7.6% → 2017년 1.9%)은 감소추세에 있다.

정부 R&D에서 규정하고 있는 연구개발 단계

「국가 연구개발 사업의 관리 등에 관한 규정」에서 규정하고 있는 연구개발 단계는 크게 기초연구 단계, 응용연구 단계, 개발연구 단계로 나뉜다.

기초연구 단계는 R&D 수행 기간이 장기(5~10년)이며, 주로 생명공학, 나노기술 등 기본 특성에 관한 연구를 수행한다. 응용연구 단계는 기초연구 단계에서 얻은 지식을 이용하여 실용적인 목적으로 연구하는 단계로 중장기(3~5년) 과제가 있으며, 대체품 등을 개발하는 연구를 수행한다. 개발연구 단계는 기초연구 단계, 응용연구 단계 및 실제 경험에서 얻은 지식을 이용하여 새로운 제품, 장치 및 서비스를 만드는 단계로 단기(1~3년) 과제가 있으며, 주로 장치 개발 등 제품을 개발하는 연구를 수행한다.

연구 개발 단계	R&D 내용	R&D 수행 기간	R&D 주제 예시
기초연구 (Basic Research)	특수한 응용 또는 사업을 직접적 목표로 하지 않고, 현상 및 관찰 가능한 사실과 관련한 새로운 지식을 얻기 위하여 수행하는 이론적 또는 실험적 연구 단계	장기	기본 특성에 관한 연구
응용연구 (Applied Research)	기초연구 단계에서 얻은 지식을 이용하여 주로 실용적인 목적으로 새로운 과학적 지식을 얻기 위하여 수행하는 독창적 연구 단계	중장기	대체품 개발
개발연구 (Commercial Research)	기초연구 단계, 응용연구 단계 및 실제 경험에서 얻은 지식을 이용하여 새로운 제품, 장치 및 서비스를 생산하거나, 이미 생산되거나 설치된 것을 실질적으로 개선하기 위하여 수행하는 체계적 연구 단계	단기	장치 개발

II. 정부 R&D 사업체계

정부 R&D 사업을 이해하기 위해서는 정부에서 수행하는 R&D 사업의 체계가 어떻게 이루어지고, 어떤 절차로 진행되는지 살펴봐야 하며 이것은 크게 여섯 단계로 구분할 수 있다. 그 첫 번째가 국가 과학기술 정책 수립의 단계이고, 두 번째가 정부 R&D 사업 수립을 위해 R&D 예산이 언제, 어떻게, 배분·조정되는지 결정하는 단계이다. 세 번째가 이에 따른 세부 과제 기획 및 선정 단계이고, 네 번째가 연구 수행 단계로 각 연구 수행 주체들이 연구를 수행하는 단계이다. 다섯 번째가 연구 수행 과제 관리와 성과에 대한 평가이고, 마지막 여섯 번째가 사후 관리와 성과 확산 단계이다. 각 단계별 세부 내용 및 수행 주체는 다음 표 정부 R&D 전 주기와 정부 R&D 기획 절차를 참조하면 된다.

---

*기술수요조사 : 업계, 학계, 연구기관 등의 설문조사의 하나로, 향후 중소기업이 필요로 하는 핵심 기술 개발 과제를 도출하고, 도출된 기술 개발 과제의 기술 내용, 기술 개발 기간, 소요 금액, 기술 개발 효과 등을 조사·분석하여 각종 중소기업 기술개발지원사업과 연계 지원함으로써 중소기업의 기술 경쟁력 향상과 국가연구개발지원사업의 실효성을 극대화하려는 조사 사업을 말한다(중소기업청 전문용어, 2010. 11. 대한민국 정부).

따라서 정부 R&D 사업의 전 주기와 정부 R&D 기획에 대한 이해를 통하여 향후 진행되는 절차, 즉 *기술수요조사, 과제 기획, 공고 등에 대한 내용을 대략적으로 알 수 있다.

정부 R&D 기획 및 선정 단계

구분	국가과학기술 정책수립	정부 R&D 사업수립	세부 과제 기획/선정	연구 수행	과제 관리/평가	사후관리/ 성과확산
주요 내용	- 과학기술 기본계획 - 과학기술 중장기계획	- 정부 R&D 사업기획 - 사업 평가 (기술성 평가, 예비타당성 조사 실시) - R&D 사업 예산 요구/확부	- 수요조사 - 과제 기획 - 지원 과제 확정 - 연구 수행 기관 선정	- 연구 수행 (산·학·연)	- 연구 수행 관리 - 단계/ 최종 평가 - 과제성과 추적	- 사업성과 분석/관리/ 유통 - 기술이전 - 사업화 촉진 - 표준/ 특허 연계
수행 주체	정부/ (범)R&D 부처	R&D 부처 (기재부·미래부)	연구 관리 전문기관	주관 연구기관	연구 관리 연구기관	연구 관리/ 유통 전문기관

정부 R&D 전 주기와 정부 R&D 기획 절차(중소기업청 R&D 기획 방법론 재구성)

1. 정부 R&D 사업의 구분

정부 R&D 사업체계를 이해하기 위해서는 먼저 국가 R&D 사업을 구분해야 한다. 어떤 사업이냐에 따라 미래창조과학부의 심의를 받을지, 기재부의 심의를 받을지가 결정되기 때문이다.

국가 R&D 사업은 주요 연구개발 사업과 일반 연구개발 사업으로 구분하고 있으며, 여기서 주요 국가 R&D 사업은 「과학기술기본법 시행령」 제21조 제3항 각호의 사업을 말한다.

「과학기술기본법 시행령」 제21조(국가연구개발사업 예산의 배분·조정 등)

① 법 제12조의2제1항에 따른 국가연구개발사업의 투자우선순위에 대한 의견에는 해당 중앙행정기관의 중점투자방향, 주요 정책부문별 우선순위 및 관련 제도의 개선 방향 등이 포함되어야 한다.

② 미래창조과학부장관은 법 제12조의2제5항에 따라 다음 각호의 사항을 마련하고 심의회의 심의를 거쳐 기획재정부 장관에게 제출하여야 한다. 〈신설 2011. 3. 28., 2013. 3. 23.〉

1. 국가연구개발사업의 목표를 설정하고 그 목표를 달성하기 위한 중점 투자분야의 조정 내역
2. 국가연구개발사업의 기술분야별 투자규모와 기술분야 내 사업별 투자우선순위 및 적정 투자규모의 조정 내역
3. 국가 연구개발사업의 투자 효율성을 높이기 위하여 관계 중앙행정기관 간 유사하거나 중복되는 사업의 역할분담 등 조정 내역

③ 법 제12조의2제5항제3호에서 '대통령령으로 정하는 주요 국가연구개발 사업'이란 다음 각호의 사업으로서 인문사회 분야 국가연구개발 사업 및 국가안전보장상 고도의 보안성이 요구되는 국가연구개발사업 등을 제외한 사업을 말한다. 〈신설 2011. 3. 28., 2013. 3. 23., 2016. 6. 30.〉

1. 기본계획 및 관계 중앙행정기관이 소관 법령에 따라 수립한 계획에 근거하여 추진하는 5년 이상 중장기 대형 국가 연구개발 사업
2. 미래성장동력 창출을 위하여 추진하는 사업으로서 고도의 전문적·기술적 판단이 필요한 국가연구개발사업
3. 새로운 지식을 획득하기 위한 기초과학 분야의 국가연구개발사업
4. 관계 중앙행정기관 간 유사하거나 중복되는 사업, 연구시설·장비 구축사업, 2개 이상의 중앙행정기관과 관련되는 연구개발사업 등 투자 효율성을 높이기 위하여 심의회의 심의가 필요한 국가연구개발사업

④ 기획재정부장관은 국가연구개발사업 관련 예산편성 결과를 미래창조과학부장관에게 제출하여야 하며, 미래창조과학부장관은 필요한 경우 의견을 제시할 수 있다. 〈개정 2011. 3. 28., 2013. 3. 23.〉

⑤ 관계 중앙행정기관의 장은 소관 국가연구개발사업을 추진할 때 법 제12조의2제5항에 따른 심의 결과를 고려하여 국가연구개발 사업의 투자가 효율적으로 이루어지도록 노력하여야 한다. 〈개정 2011. 3. 28., 2013. 3. 23.〉

[전문 개정 2010. 7. 26.]

[제목 개정 2013. 3. 23.]

일반 국가 R&D 사업은 주요 국가 R&D 사업을 제외한 나머지 사업으로서, 인문사회 분야 국가 연구개발 사업 및 국가 안전 보장상 고도의 보안성이 요구되는 국가 연구개발 사업 등을 말한다. 따라서 R&D 사업은 다음과 같이 주요 연구개발 사업과 일반 연구개발 사업으로 구분하여 비교·설명할 수 있다.

주요 연구개발 사업	일반 연구개발 사업
• 5년 이상 중장기 대형 • 미래 성장동력 창출 • 기초과학 분야 • 유사·중복, 연구시설·장비 구축	• 국방·인문사회 R&D • 정부 출연 연구기관(출연연) 등의 운영경비 • 정책 연구비 • 이공계 대학 지원금 등

주요 연구개발 사업과 일반 연구개발 사업 비교

2. 예산 배분 조정체계

그러면 지금부터 정부 R&D 사업의 예산 배분체계를 알아본다. 국가 R&D 사업은 미래부와 기재부에서 투자 방향 및 지출한도를 결정하고, 각 부처별로 조정·심의 및 편성한다.

미래부와 기재부는 각 R&D 부처로부터 투자 우선순위 의견과 중기 사업계획서를 제출받고, 이러한 내용을 바탕으로 3~4월에 투자 방향 및 지출한도 연계 방안을 협의하여 투자 방향과 지출한도 및 예산 편성 지침을 수립한다. 그 후 5월에 각 부처로부터 예산요구서를 접수받고, 접수된 예산요구서를 바탕으로 6~7월에 주요 국가 R&D 사업에 대한 예산을 배분·조정하여 일반 국가 R&D 사업에 대한 심의를 수행한다. 최종적으로 8월에 예산 편성을 하여 다음 해 R&D 예산을 확정한다.

투자 우선순위 의견과 중기 사업계획서를 제출할 때는 각 부처에서 각각의 R&D 사업에 대한 기술 로드맵 등을 만들어 제출한다. 투자 우선순위 의견 제출서는 보통 전년도 10월이나 11월에 제출받고, 중기 사업계획서는 1~2월에 제출받는다.

3~4월에는 투자 방향 및 지출한도(안)를 마련하기 위하여 각 부처의 의견을 미리 듣기 때문에 R&D를 수행하고 있다면 관리기관(전문기관, 전담기관)에서 자료 요구 시 신속하게 협조해 주어야 한다.

5월에는 각 부처로부터 예산요구서를 접수하고, 6~7월에 주요 사업의 예산에 대한 배분·조정을 하게 되며, 각 부처의 성과를 기반으로 심의를 하고 전년도 대비하여 예산을 증액할 것인지 감액할 것인지 판단하여 최종적으로 8월에 예산을 편성한다.

각 부처의 전문기관들은 8월에 예산 편성이 완료될 것을 예상하여 6월경에는 산업계, 학계, 연구계(정부 출연연)를 대상으로 기술수요조사를 실시하며, 비로소 8월에 예산이 확정되면 1.5~2배수로 과제 기획 대상을 선정하고, 9~10월에 과제 기획을 하여 11~12월경에 온라인 공시와 지원할 최종 과제를 선정하게 된다. 우리가 인터넷을 통해 접하는 공고문의 지정공모 과제들은 전년도에 이러한 절차로 기획되고, 공고문에서 최종 제안요청서(RFP : Request for Proposal)를 공개하게 된다.

따라서 R&D 예산을 담당하는 미래부와 기재부의 역할을 보면, 미래부는 주요 R&D와 일반 R&D 예산을 배분하며 「과학기술기본법」 제12조에 근거하여 국무총리가 주재하는 국가과학기술심의회를 통해 각 주요 R&D 사업 예산과 일반 R&D 사업 예산을 6월에 심의를 받고, 7월에 이를 기재부에 제출한다.

심의회에서 심의하는 사업은 기초원천, 응용개발 등 R&D 주요 사업으로 출

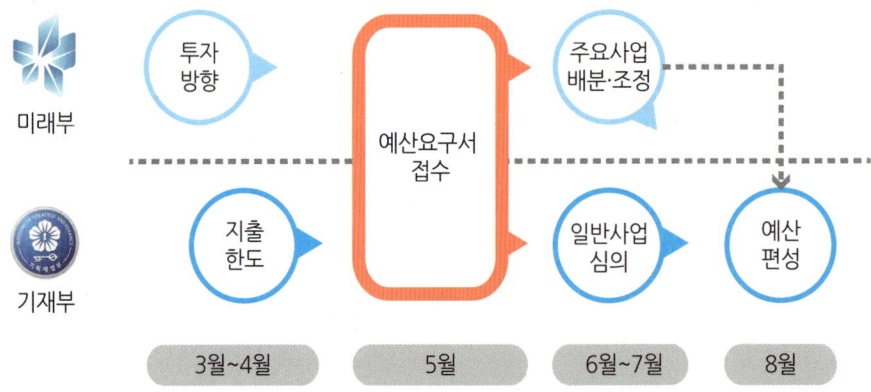

출처 : 미래창조과학부 2016년 정부 R&D 사업 부처 합동 설명회 자료

연연·국공립연구소 등의 주요 R&D 사업비를 심의하고, 범부처 사업과 시설 장비 구축 관련 사업을 심의하고 있다. 2016년도 예산은 12조 8천억 원으로 사업 예산의 67.2%였다.

2016년 기준 기재부에서 심의하는 사업은 국방, 인문사회 R&D, 이공계대학 지원금이 있으며, 출연연·국공립연구소 등의 운영경비(인건비 등), 정책 연구비 등이 있다. 2016년도 예산은 6조 2천 6백억 원으로 사업 예산의 약 32.8%를 차지하였다.

※ 「과학기술기본법」 제9조에 따르면, 국가과학기술심의회는 범부처 R&D 예산을 심의하는 비상설 자문기구로 매년 R&D 유사·중복 사업 및 사업별 예산 규모 조정 등 효율적 투자를 위한 실질적 R&D 예산 배분 조정 기능을 수행한다.

「과학기술기본법」 제9조(국가과학기술심의회의 설치 및 심의사항)

① 과학기술 주요 정책·과학기술혁신 및 산업화 관련 인력정책·지역기술혁신정책에 대한 조정, 연구개발 계획 및 사업에 대한 조정, 연구개발 예산의 운영 등에 관한 사항을 심의하기 위하여 국무총리 소속으로 국가과학기술심의회(이하 '심의회'라 한다)를 둔다. 〈개정 2014. 5. 28.〉

② 심의회는 다음 각호의 사항을 심의한다. 〈개정 2014. 5. 28.〉

1. 과학기술진흥을 위한 주요 정책 및 계획의 수립·조정에 관한 사항
2. 제7조제1항에 따른 과학기술발전에 관한 중장기 정책목표와 방향, 기본계획과 지방과학기술진흥종합계획에 관한 사항
3. 제7조제5항에 따른 다음 연도 시행계획과 전년도 추진실적에 관한 사항
4. 과학기술 관련 예산의 확대방안 및 「공공기관의 운영에 관한 법률」 제4조에 따른 공공기관 등에 대한 연구개발투자 권고에 관한 사항
5. 매년 정부가 추진하는 연구개발사업(이하 '국가연구개발사업'이라 한다) 예산의 배분 및 조정과 효율적 운영에 관한 사항
6. 중·장기 국가연구개발사업 관련 계획의 수립에 관한 사항
7. 국가연구개발사업의 조사·분석·평가에 관한 사항

8. 과학기술분야 정부출연연구기관의 육성 및 발전방안에 관한 사항

9. 성장동력 관련 정책의 수립·조정에 관한 사항

10. 문화·관광산업, 부품소재 및 공정혁신 분야 등에서의 과학기술혁신 관련 정책의 조정에 관한 사항

11. 과학기술인력의 양성을 위한 정책에 관한 사항

12. 지역기술혁신정책의 추진을 위한 지원체제의 구축에 관한 사항

13. 기술혁신을 위한 자금의 지원에 관한 사항

14. 국가표준 및 지식재산권 관련 정책의 지원에 관한 사항

14의2. 과학기술을 활용한 경제적·사회적 문제의 해결에 관한 사항

14의3. 산학연협력 촉진에 관한 사항

14의4. 국가연구개발사업의 연구윤리에 관한 사항

14의5. 과학기술분야 연구 안전환경의 조성에 관한 사항

15. 이 법 또는 다른 법령에서 심의회의 심의사항으로 규정한 사항

16. 중앙행정기관의 장이 심의를 요청하는 사항

17. 그 밖에 심의회의 업무 및 운영과 관련된 사항으로서 위원장이 회의에 부치는 사항

③ 제2항에 따른 심의회의 심의에 관한 세부사항은 대통령령으로 정한다.

[전문 개정 2013. 3. 23.]

III. 정부 R&D 사업의 절차 및 공고

1. 절차 및 공고

정부 R&D 사업의 절차 및 공고에 관한 내용은 「과학기술기본법」 제11조~제11조의4에서 다루고 있다. 미래부에서는 「국가연구개발사업의 관리 등에 관한 규정」을 범부처의 공동 관리 규정으로 정하고 있으며, 각 부처에서(19개 부처 379개의 연구개발사업 관련 규정)는 이를 근거로 규정과 지침을 만들어서 진행하

고 있다.

국가연구개발사업의 절차별 설명은 「국가연구개발사업의 관리 등에 관한 규정」에 의해 다음과 같다.

국가연구개발사업의 절차

① R&D 사업의 기획·공고 : 제4조(사전조사 및 기획), 제5조(기술수요조사), 제6조(공고 및 신청)에 해당하는 사항이다.

제4조는 연구 과제 발굴을 위한 사항으로 기술적·경제적 타당성 등에 대한 사전조사 또는 기획 연구를 수행한다. 지정공모 과제의 기획 단계이다.

제5조는 기술수요조사에 관한 것으로 수요조사에 포함되어야 할 내용 및 평가에 관한 내용이 포함되어 있다. 기술수요조사는 당해 연도 과제 기획에 참여하고자 하는 경우에 각 R&D 부처에서 이해당사자를 대상으로 연구·개발하려고 하는 과제 기획에 대한 내용을 조사·발굴하는 행위를 말한다.

제6조는 각 R&D 부처의 사업에 대한 공고와 신청에 따른 내용으로, 공고에 꼭 포함되어야 할 내용과 공고 방법에 대한 내용이 포함되어 있다. 또한 연구개발계획서를 포함하여 신청 시 필요한 서류에 대한 내용도 포함되어 있다.

② 연구개발 과제 선정 : 제7조(연구개발과제의 선정), 제8조(연구개발계획서의 보완 및 제출)에 해당하는 내용이다.

제7조는 연구개발과제의 선정과 연구개발계획서의 보완 및 제출에 관한 것으로 평가사항과 우대점수 등이 제시되어 있다.

제8조는 연구개발계획서의 보완 및 제출에 관한 내용을 다루고 있다.

③ 연구 협약 : 제9조(협약의 체결), 제10조(협약의 변경), 제11조(협약의 해약)는 연구 협약의 체결·변경·해약에 관한 내용을 다루고 있다.

④ 연구비 지급 및 관리 : 제12조(연구개발비의 지급), 제12조의2(연구개발비의 사용), 제12조의3

(직접비 중 학생인건비 사용의 특례), 제13조(간접비산출위원회), 제14조(연구비 관리체계 평가)는 연구개발비의 지급 및 관리에 관한 내용을 다루고 있다.

⑤ 연구 결과 보고 및 평가 : 제15조(연구개발성과의 보고), 제16조(연구개발성과의 평가), 제17조(평가에 따른 조치), 제18조(연구개발성과의 공개)는 연구개발성과의 보고 및 평가에 관한 내용이다.

제15조는 연구개발이 종료되었을 때 연구개발 최종 보고서와 자체 평가 의견서를 제출하는 것에 관한 내용으로, 제2항에서는 연구개발 최종 보고서에 포함되어야 할 내용이 기술되어 있다.

제16조는 연구개발성과의 활용 계획에 따른 중간 평가, 최종 평가, 추적 평가에 관한 내용을 다루고 있다.

제17조는 각 평가에 따른 조치로, 과제 중단, 연구개발의 목표 변경에 따른 조치에 관한 내용이 포함되어 있다.

제18조는 연구개발 최종 보고서 및 요약서의 데이터베이스를 구축하여 관련 연구기관·산업계 및 학계 등에서 활용할 수 있도록 널리 공개하도록 하는 내용으로 미래창조과학부의 국가과학기술지식정보서비스(NTIS)와 데이터베이스를 활용할 수 있게 하였다.

⑥ 연구개발비 정산 : 제19조(사용실적 보고 및 정산)는 연구개발비 정산에 관한 내용을 다루고 있다.

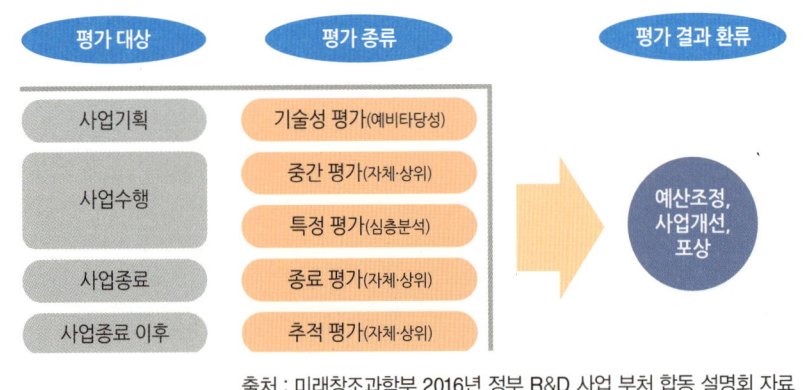

출처 : 미래창조과학부 2016년 정부 R&D 사업 부처 합동 설명회 자료

따라서 이 책에서는 국가연구개발사업의 절차 중 R&D 사업의 기획·공고 와 연구개발 과제 선정 단계에서 필수적인 R&D 연구계획서 작성에 관한 내용을

미래창조과학부 공고 제2016-0042호.

2016년도 정보통신·방송 기술개발사업 및 표준화 사업 신규지원 대상과제 공고

2016년도 정보통신·방송 기술개발 및 표준화 사업의 신규지원 대상과제를 다음과 같이 공고하오니 동 사업에 참여를 희망하는 기관(기업) 등은 관련 규정 및 절차에 따라 신청하여 주시기 바랍니다.

2016년 1월 29일
미래창조과학부 장관

□ 사업목적
 ○ 기술개발사업
  - ICT R&D 정책을 실현하고, 민간 수요를 충족시킬 수 있는 미래선도형 핵심 원천기술 개발
 ○ 표준화사업
  - 미래 ICT 기술 및 서비스 주도권 확보를 위한 시장중심의 선제적 표준 개발

□ 지원대상 분야
 ○ 기술개발사업
  - 10대 기술분야 : 융합서비스, 이동통신, 네트워크, 기반SW·컴퓨팅, SW, 방송·스마트미디어, 전파·위성, 디지털콘텐츠, 정보보호, ICT 디바이스
 ○ 표준화사업
  - 수요자기반 선제적 표준화, 창의·혁신적 표준화

1. 지원내용
□ 기술개발사업 지원내용

[단위 : 백만원]

기술분야	지원금액	과제수	과제별 지원규모 및 기간
융합서비스	6,130	7	
이동통신	4,698	7	
네트워크	4,011	5	
기반SW·컴퓨팅	6,374	9	<지정공모> 과제별 특성에 따라 달리함 [과제제안요구서(RFP) 참조] <품목지정>· <품목지정>에서 참조
SW	900	1	
방송·스마트미디어	3,979	7	
전파·위성	5,350	9	
디지털콘텐츠	213	1	
정보보호	15,008	13	
ICT 디바이스	14,188	17	
합 계	60,851	76	

• 지정공모 : 개발이 필요한 대상기술(품목)과 기술목표(RFP)를 제시
• 품목지정 : 품목정의서 지원 범위 안에서 개발내용을 제안하는 자유공모형 과제
• 창조씨앗형 R&D 과제
  - 창의·도전적, 혁신적 아이디어를 수용할 수 있는 자유공모 방식의 R&D 지원
  - 창의적 아이디어(TRL 5단계 이하)에 대한 사전연구 후 기술개발 가능성이 큰 과제에 대해 "혁신도약형"으로 후속 기술개발 지원
  - "제안자 = 수행자" 원칙의 자유공모 방식으로 사전연구(1단계)를 수행하고, 평가를 통해 비교 우위과제에 대해 기술개발(2단계) 계속 지원

< 단계별 지원 내용 >

사전연구(1단계)	구분	기술개발(2단계)
5천만원 내외	지원 예산	5억원 내외
9개월	기간	5년 이내
기술료 비징수	기술료	기술료 징수
아이디어 구체화, 개념 확립 및 기술개발 추진계획 수립	주요내용	연구개발 추진
▶주관기관 : 대학 ▶참여기관 : 제한없음	신청자격	▶주관기관 : 대학(1단계 사전연구 동일기관) ▶참여기관 : 제한없음
TRL 5단계 이하, 사업화비적용, 혁신도약형	비고	혁신도약형

□ 표준화사업 지원내용

[단위 : 백만원]

지원대상	지원금액 지원총액	과제별 지원금액	지정분야	주관기관	과제특징
수요자 기반 선제적 표준화	790	200기이내	· ICT 표준화 전략맵 2016 (2개 중점기술 34기준) 또는 공공적 성격의 국민편익형 표준화 주제	제한없음	<자유공모> 지정(1년 3년 이내로 하되, 표준화연구 특성에 따라 기관>
창의·혁신적 표준화	890	200기이내	· ICT 표준화 전략맵 2016 (2개 중점기술 34기준) 관련 자유주제	중소·중견	
합 계	1,680				

* ICT표준화 전략맵(2016) : IITP 홈페이지(http://www.iitp.kr) 공고자료 참조
** 자유공모 : 제안분야 및 주관기관 유형 조건 안에서 자유롭게 개발내용을 제안

2. 지원과제목록

□ 기술개발사업

[단위 : 백만원]

분야	RFP 번호	과 제 명	성격구분	총수행기간	지원금액	지원	주관기관	과제특징	사업명
융합서비스	1	창조씨앗 R&D 1단계	창의	미정	150	방발	대학	자유공모 혁신도약형	방송통신산업기술개발
	2	스마트홈 확산을 위한 클라우드 기반 스마트베드 시스템 및 Farm-As-A-Service 기술	혁신	16-18	1,300	일반	중소·중견	표준화	IT·SW융합산업원천기술개발
	3	팜-IoT 기반 에너지 분석 가능 서비스 개발 및 응용원천 에너지 효율화 실증	혁신	16-18	1,200	일반	중소·중견	-	IT·SW융합산업원천기술개발
	4	빅데이터와 어린이집 기반의 학생 맞춤형 인공지능 STEM 교육 플랫폼 개발	혁신	16-17	1,000	일반	중소·중견	-	IT·SW융합산업원천기술개발
	5	공중무제어 편재통신을 위한 Social IoT 서비스 플랫폼 개발	혁신	16-17	450	방발	중소·중견	품목지정	방송통신산업기술개발
이동통신	6	IoT환경에서 Massive connectivity를 위한 5G 기반 지연특, 체복잡도 및 반도체율 원천기술 개발	혁신	16-19	500	방발	대학	경쟁기획 선도확립혁	방송통신산업기술개발
	7	비만의 디지털·디지 디바이스 기반 및 간섭관리 기반의 저전력 근거리 무선통신 기술 개발	창의	16-17	500	방발	대학	품목지정 표준화	방송통신산업기술개발
	8	무인 경비시에서 신뢰적인 정군으로 위한 재난통신 등품기술 연구	창의	16-17	250	방발	대학	-	방송통신산업기술개발
	9	창조씨앗 R&D 1단계	창의	16-20	1,200	방발	제한없음	자유공모 혁신도약형	방송통신산업기술개발
	10	컴퓨팅의 통합된 가상화 기반 5G 이동통신 백홀스 플랫폼 기술 개발	전략	16-19	1,200	방발	제한없음		방송통신산업기술개발
	11	28GHz 대역 5G 이동통신 휴대단말용 RF 관련기술 개발	혁신	16-17	998	방발	중소·중견	품목지정	방송통신산업기술개발
	12	LWA(LAA 환경에서 지원하는 LTE 소형 기지국 기반 기술 개발	혁신	16-18	1,000	방발	중소·중견	품목지정	방송통신산업기술개발
네트워크	13	서비스전달맥을 통한 다양성 지원을 위한 미래형 디지털 네트워크 시스템 아키텍처 연구	창의	16-20	1,000	방발	대학	경쟁기획 사업화비적용	방송통신산업기술개발
	14	창조씨앗 R&D 1단계	창의	미정	100	방발	대학	자유공모 혁신도약형	방송통신산업기술개발

분야	RFP 번호	과 제 명	성격구분	총수행기간	지원금액	지원	주관기관	과제특징	사업명
	15	저지연을 식별자 기반 자율형 산업 네트워킹 기술 개발	전략	16-18	1,281	방발	제한없음	표준화	방송통신산업기술개발
	16	PAM-4 변조방식 단거리 광트랜시버 기술 개발	혁신	16-18	1,150	방발	중소·중견		방송통신산업기술개발
	17	실리콘 포토닉스 집적화 기반 25Gbps급 데이터 수배트 optical connectivity 기술 개발	혁신	16-18	1,000	방발	대학		방송통신산업기술개발
기반 SW·컴퓨팅	18	빅데이터 움직임분석 위한 데이터 신뢰성 분석 기술 및 엔진 개발	창의	16-18	300	방발	대학	SW산업원 융복합형 기술개발	SW컴퓨팅산업원천기술개발
	19	데이터 스토리 정체를 위한 지능형 샘플링 및 툴분석 기술 개발	창의	16-18	300	방발	대학		SW컴퓨팅산업원천기술개발
	20	이종 다수 클라우드 간의 자동화된 SaaS 호환성 지원 기술 개발	창의	16-18	300	방발	대학	공개SW 융복합형 기술개발	SW컴퓨팅산업원천기술개발
	21	HPC 시스템 응용 프로그램 최적화를 위한 개발도구	창의	16-18	300	방발	대학		SW컴퓨팅산업원천기술개발
	22	창조씨앗 R&D 1단계	창의	미정	474	방발	대학	자유공모 혁신도약형	SW컴퓨팅산업원천기술개발
	23	원격적 기계학습 기반 자가진단(Self-Evolving) 에어리프트 시뮬레이션을 이용한 사례반응 예측분석 기술 개발	전략	16-18	1,700	방발	제한없음	SW작산업원 표출형	SW컴퓨팅산업원천기술개발
	24	대규모 데이터 고속 처리를 위한 HPC 시스템 개발	전략	16-18	1,700	방발	제한없음	SW작산업원	SW컴퓨팅산업원천기술개발
	25	빅데이터 기반 기계학습을 위한 분석기술 SW 개발	혁신	16-18	800	방발	중소·중견	SW작산업원	SW컴퓨팅산업원천기술개발
	26	컨테이너 및 가상머신이 공존하는 하이브리드 클라우드 인프라에 의한 통합 운영 관리 솔루션 개발	혁신	16-17	800	방발	방송사업	품목지정 산업원 기술개발	SW컴퓨팅산업원천기술개발
SW	27	32Gbps 데이터 서비스를 위한 엑스트림 스트리밍 SW 개발	전략	16-18	900	방발	제한없음		SW컴퓨팅산업원천기술개발
	28	원격 편리감지 시험 체험 극대화를 위한 개인방송 제작 기술 개발	혁신	16-18	900	방발	대학	기술료징수 사업화비적용	방송통신산업기술개발
	29	창조씨앗 R&D 1단계	창의	미정	150	방발	대학	자유공모 혁신도약형	방송통신산업기술개발
방송 스마트 미디어	30	올 IP 네트워크 기반 스마트 미디어 양방향 연동을 위한 RF-signal over IP 기술 개발	혁신	16-18	1,900	방발	방송사업	-	방송통신산업기술개발
	31	사용 스크린 환경 기반의 고감도 실시간 디지털 사이니지 기술 개발	전략	16-18	874	방발	제한없음		방송통신산업기술개발
	32	UHD 방송 서비스의 지능형 통합 다종화기 개발	혁신	16-17	455	방발	중소·중견		방송통신산업기술개발
	33	차세대 지상파 방송망기반 개인 UHD 방송 및 그날맞 사서 및 서비스 아나운스먼트(Service Announcement) 시스템 기술 개발	혁신	16-17	400	방발	중소·중견		방송통신산업기술개발
	34	차세대 지상파 방송용운송 지원하는 3kW급 송신기 기술 개발	혁신	16-17	400	방발	중소·중견		방송통신산업기술개발
전파 위성	35	RF 설계 및 EM 해석을 위한 클라우드 기반 SW솔루션 개발	혁신	16-18	500	방발	대학	품목지정 기술료징수, 사업화비적용	방송통신산업기술개발
	36	창조씨앗 R&D 1단계	창의	미정	100	방발	대학	자유공모 혁신도약형	방송통신산업기술개발
	37	자기부상/자기공명 기반 사용편리 적용형 금속무선충전기술 개발	전략	16-18	950	방발	제한없음		방송통신산업기술개발

출처 : IITP

핵심으로 다룬다. 실제로 R&D 사업을 기획하고 사업계획서를 작성하는 데 많은 기업이 어려움을 겪고 있는데, 이 책의 내용이 조금이나마 도움이 되기를 다시 한번 강조한다.

우선, R&D 사업의 공고를 보면 다음과 같은 내용을 확인할 수 있다. 공고문에는 사업의 목적, 지원 대상 분야, 지원 내용, 지원 과제 목록, 관련 규정, 사업 추진체계, 과제 신청 유의사항, 평가 절차 및 평가 항목, 사업설명회·정보교류회 개최, 신청 요령 등에 대한 정보가 수록되어 있으며 이러한 정보를 꼼꼼히 따져보면서 사업의 지원 예우를 결정해야 한다.

2. 지원 과제 목록

지정공모 과제	자유공모 과제	품목지정 과제
- 기술수요조사 등에 의하여 발굴된 지원 대상 기술 분야를 지정하여 공고한 과제 - 기술수요조사 등에 의하여 과제를 발굴하고, 이를 기획하여 연구 주제, 목표, 성과 등을 사업 공고 시 제시하여, 수행 업체를 선정하는 과제	- 신청 기업이 자유롭게 지원 대상 과제를 도출하여 응모하는 과제 - 연구 주제, 연구 목표, 성과 등이 제시되지 않고 수행하고자 하는 기관이 자유롭게 제안하는 과제	- 지정공모와 자유공모의 중간 형태의 과제 - 필요 기술의 구체적 스펙(RFP) 제시 없이 품목(제품, 제품군)만 제시하여 공고하고, 이에 해당하는 품목에 따른 사업을 제안하는 과제

지원 과제 목록을 보면, 지정공모, 자유공모, 품목지정이라는 용어가 나온다. 지정공모 과제는 기술수요조사 등에 의하여 발굴된 지원 대상 기술 분야를 지정하여 공고한 과제로 필요로 하는 연구에 대한 구체적 스펙이 제시되어 있어 기업이 이에 대응하는 사업계획서를 제안하고, 평가를 통과할 경우 과제로 선정되어 진행하는 방식을 말한다.

자유공모 과제는 신청 기업이 자유롭게 지원 대상 과제를 도출하여 응모하는 과제로 필요 기술의 구체적 스펙(specifications) 제시 없이 계획서를 작성하여 응모하고, 평가를 통과할 경우 과제를 선정하여 진행하는 방식의 과제를 말한다.

품목지정 과제는 지정공모와 자유공모의 중간 형태의 과제로 필요 기술의 구체적 스펙 제시 없이 품목(제품, 제품군)만 제시하여 공고된 과제다. 품목에 해당하는 주제로 자유롭게 계획서를 제안하여 이를 평가하고, 업체를 선정하여 진행하는 방식의 과제로 일부 부처에서는 개념계획서를 평가하고, 이를 통과할 경우 본 계획서를 작성하여 재평가하는 방식을 사용한다.

따라서 각 부처에서 과제 기획을 한다고 하면 지정공모 과제에 대한 기획이고, R&D 공고에 첨부되는 제안요청서를 작성하기 위한 일련의 과정이라 할 수 있다.

3. 과제 기획

과제 기획은 R&D 공고문에서 지정공고에 첨부되는 RFP(Request For Proposal : 제안요청서)를 만들기 위한 것으로 우리나라 각 부처에서는 크게 3가지로 구분하여 진행하고 있다.

하나는 Top-Down 방식으로 부처에서 만든 기본계획, 로드맵 등에 의해 과제를 발굴하는 경우이고, 다른 하나는 Bottom-UP 방식으로 수요조사를 통한 과제 발굴이다. 나머지 하나는 애로기술이라 하여 각 부처 등에서 수요조사를 통하여 발굴하는 것으로 사업성은 없지만 정책적으로 필요한 기술을 R&D를 통하여 개발하기 위한 것이다.

Top-Down 방식과 애로기술은 정책지정 과제가 될 수 있다.

여기서 말하는 '정책지정'은 정책적으로 필요하다고 판단하여 연구개발 사업 과제와 그 수행기관을 장관이 지정하여 선정하는 방식을 말한다. 이 경우 별도의 선정 평가 과정이 없다는 것을 의미한다.

이렇게 3가지 방식으로 이루어지는 과제 기획의 추진 절차를 살펴보면 각 부처마다 조금씩 다르겠지만 큰 맥락에서는 같다고 볼 수 있다. 산업통상자원부(산자부)의 산업기술평가원에서 추진하는 지정공모 과제의 추진 절차를 보면, 산업통상자원부에서는 R&D 사업의 로드맵을 만들어 기술 청사진을 수립하는 것을 과제 기획의 첫 번째 절차로 하였다. 로드맵은 각 분야별 전문가들이 참여하여 만들어진다. 이러한 로드맵은 정부의 각종 공시자료, 설명회 등을 통하여 사전에 공지될 수 있어 항상 관심을 가지고 지켜봐야 한다.

R&D 사업의 로드맵이 만들어졌다면 이제 본격적으로 과제를 공고하기 위한 과제 기획을 하게 된다.

산업 핵심 기술개발사업 추진 절차(지정공모), 산업통상자원부

과제 기획은 기술위원회/PD 과제 기획 전담팀에서 이루어지며, 앞서 말한 대로 수요조사, 로드맵, 부처의 애로기술 등을 기반으로 과제 기획 대상 과제를

1.5~3배수 선정하여 과제 기획을 하게 된다. 여기서 일반인들이 참여할 수 있는 방법은 수요조사이다.

각 부처는 수요조사를 위해 수요조사 공고를 내며, 이에 따라 각 이해관계자들은 수요조사서를 작성하여 제출하게 된다.

수요조사서는 자유롭게 작성할 수 있지만, 한 가지 원칙을 세워야 한다. 바로 정부 부처에서 만든 로드맵에 따른 기술 영역을 기반으로 작성해야 한다는 것이다. 이는 정부 지원 정책 방향이기 때문에 반드시 이를 따라 작성해야 한다. 그러지 않을 경우 수요조사서가 채택되지 않을 가능성이 매우 높다.

전문기관에서 1.5~3배수 과제 기획 과제를 선정하면 상세 과제 기획을 하게 된다. 이때 과제 기획을 위하여 과제 기획 전문가를 선정하게 되며, 이를 통하여 상세 과제 기획을 진행한다.

과제 기획자는 앞서 수요조사서를 낸 경우는 수요조사서를 신청한 신청자가 되는 경우가 많으며, 정부 부처에서 진행하는 과제의 경우는 과제 기획을 잘하는 전문가에게 맡겨지고, 애로기술의 경우는 대부분 정책지정 과제이기 때문에 출연연에서 작성하는 경우가 일반적이다.

따라서 일반인이 과제 기획에 참여하기 위해서는 수요조사서의 중요성이 다시 한번 강조된다.

상세 과제 기획이 완료되면 산업통상자원부에서 지원 과제를 선정하게 되며, 상세 과제 기획에 대한 평가를 통하여 우선순위가 결정되고, 우선순위에 따라서 최종적으로 다음 연도에 수행될 과제가 결정되고 예산안이 확정된다.

여기서 많은 분들이 오해하는 경우가 많은데, 과제 기획을 하여 지원 과제로 선정되었다고 해서 과제에 최종적으로 선정된 것은 아니다. 향후 과제 공고가 뜨고 선정 평가를 통해 우선순위 사업자가 되어야 최종적으로 선정되는 것이다. 따라서 과제 기획을 통하여 지원 과제로 선정되면 이를 기반으로 다음 연도에 과제 공고가 이루어지며 이때 비로소 지정공모 R&D 과제가 일반에게 공개된다.

특히, 기업, 대학, 출연연에서 수요조사서를 내고, 적극적으로 과제기획자로 선정되어 과제 기획을 하려는 것은 과제기획서를 쓰면서 바로 사업계획서 작성을 준비할 수 있기 때문이다. 이는 과제 공고가 뜰 때 일반 사업자보다 과제 기획자가 유리하기 때문이다.

지원 대상 과제 및 사업자 선정을 위해서는 지원 과제 공고를 보고 사업계획서를 접수해야 하는데, 단순하게 사업계획서만 작성한다고 해서 되는 것은 아니다.

우리의 최종적인 목표는 사업계획서를 작성하여 접수하는 것이 아니라 최종적으로 과제를 수행하는 사업자로 선정되는 것이다.

최종적으로 지원 업체에 선정되기 위해서는 과제 기획 시 의도한 대로 사업계획서를 작성해야 하며 그러기 위해서는 제안요청서를 분석하여 과제의 목표가 무엇인지 파악하고, 그에 따른 추진체계(컨소시엄)를 구성하고 각 기관별 업무를 분담한 후 사업계획서를 작성해야 한다.

실제적으로 지원 공고가 떴을 때 기업들이 가장 힘들어하는 부분은 사업계획서 작성이 아니라 추진체계, 즉 컨소시엄을 구성하는 것이다. 그렇기 때문에 미리 과제기획자가 되면 과제 기획 중에 여러 준비사항을 체크할 수 있기 때문에 그만큼 유리한 것이다.

사업계획서를 작성하여 접수하고 나면 과제 평가를 하고, 평가에서 우선순위 사업자로 선정되어 최종적으로 사업자로 확정되면 협약을 체결하게 된다.

지금까지 산업통상자원부(산자부)의 지정공모 과제의 절차를 살펴보았다. 지금부터는 과제 기획에서 가장 기본이 되는 수요조사서와 과제기획서·사업계획서 작성, 평가 준비 순으로 살펴보겠다.

수요조사서 작성

I. 수요조사서 이해하기

R&D 과제 기획에서 가장 기본이 되는 것이 수요조사서이다. 수요조사서는 '업계, 학계, 연구기관 등의 기술 개발에 대한 설문조사의 하나로, 향후 중소기업이 필요로 하는 핵심 기술 개발 과제를 도출하고, 도출된 기술 개발 과제의 기술 내용, 기술 개발 기간, 소요 금액, 기술 개발 효과 등을 조사·분석하여 각종 중소기업 기술 개발 지원 사업과 연계·지원함으로써, 중소기업의 기술경쟁력 향상과 국가 연구개발 지원 사업의 실효성을 극대화하려는 조사 사업을 말한다(중소기업청 전문용어, 2010. 11. 대한민국 정부).'라고 중소기업청에서 정의하고 있다.

다음에 첨부된 미래창조과학부와 문화체육관광부, 중소기업청의 수요조사서 양식을 보면 공통적으로 수요조사서에 포함되는 내용을 확인할 수 있다.

【 미래창조과학부 수요조사서 양식 】

첨부 1 사업별 기술수요조사서 양식

1 기술개발 기술수요조사서

수요명			
기술 분야	대분류	중분류	소분류
추천 주관기관 형태	☐ 제한 없음 ☐ 산업체 ☐ 학계 ☐ 연구소		
총 기술개발 기간	년	총 소요 금액 (정부출연금 기준)	( ) 억 원
개발 목표	○		
개발 내용	○		
국내·외 기술개발 동향	○		
지원 필요성/ 기대 효과	○		
표준화 연계 필요성	☐ 기술개발-표준화 병행 추진 필요 ☐ 기술개발 완료 후 표준화 추진		
기술 로드맵 중점 연구개발 영역 매칭	☐ 중점 연구개발 영역 매칭(*주관식 기재*) ☐ 기타 수요 * 해당되는 것에 체크박스		

참고 1 [투자 로드맵] 10대 기술 분야별 중점 연구개발 영역

10대 분야	중점 연구개발 영역
융합 서비스 (19)	①스마트팜 ②유통가공수출입 ③농업재해 ④차세대 EMS/에너지 정보 융복합 SW/미들웨어 ⑤맞춤형 스마트 관광정보서비스 ⑥개인맞춤형 제조 ⑦제조 서비스 ⑧건강정보 빅데이터 분석 ⑨건강정보 측정/제어 ⑩스마트 시티 드라이빙 서비스 ⑪스마트홈 상호운용성 확보 ⑫빅데이터 분석 기반 킬러 서비스 ⑬ICBM기반 생활 체감형 스마트시티 서비스 ⑭응용 분야별 IOT기반 서비스 ⑮IOT기반 플랫폼 ⑯지능형 IOT네트워크 ⑰스마트 Thing 플랫폼 ⑱융합서비스 모델링/시뮬레이션 ⑲대용량 데이터 연동/처리, 자율 제어
이동통신 (11)	①몰입형 텔레프레즌스 서비스 ②초연결 기반 초지능 서비스 ③상황인지 서비스플랫폼 ④모바일 엣지 클라우드 서비스플랫폼 ⑤고효율, 혁신적 통신 방식 ⑥MEC(Mobile Edge Cloud) 기반 분산형 액세스 및 유무선 융합 코어 네트워크 ⑦LTE-evolution 및 New RAT ⑧차세대 WLAN ⑨확장형 융복합 Connectivity ⑩광대역 RF 안테나 부품 ⑪광대역 전송 모뎀 및 AP부품
네트워크 (6)	①VNF ②모바일 엣지 컴퓨팅 ③고신뢰 네트워크 ④다양성 지원 네트워크 시스템 플랫폼 ⑤광트랜시버 ⑥실리콘 포토닉스
방송스마트 미디어 (9)	①UHD 송출·송수신 ②실감미디어 서비스 플랫폼 ③UHD 제작 워크플로우 ④증감(Enhanced Sensitivity) 방송 ⑤소셜·개인 미디어 서비스 ⑥장애인 방송 ⑦재난 방송 ⑧디지털 사이니지 서비스 ⑨디지털 라디오 서비스
전파·위성 (8)	①스펙트럼 공학 ②안테나 및 송수신기 ③RF 설계 및 해석 ④전자파 기기 및 시설 보호 ⑤에너지(전력) 전송 및 수집 ⑥RF 레이더 센서 ⑦무인기 기술 및 서비스 ⑧위성 방송·통신·항법 기술 및 서비스
기반 소프트웨어 컴퓨팅(4)	①클라우드 컴퓨팅 ②고성능 컴퓨터 ③빅데이터 ④인공지능
소프트웨어 (5)	①스토리지 볼륨 가상화 기술 ②SSD-aware 스토리지 ③차세대 HW 기반 OS ④클라우드 연계 사용자 인터페이스 미들웨어 기술 ⑤자동통번역 시스템
디지털 콘텐츠(4)	①실감형 영상콘텐츠 ②인터랙션 콘텐츠 ③스마트콘텐츠 ④콘텐츠 유통/서비스
정보보호 (11)	①보안 취약점 및 SW개발 보안 ②차세대 통신 네트워크 보안 ③지능형 보안 위협 대응 ④클라우드 보안 ⑤사물 인터넷 보안 ⑥데이터 중심의 보안 및 프라이버시 보호 ⑦핀테크 보안 ⑧전지적 사회안전 감시 시스템 ⑨자율형 이동체/교통시스템·인프라 보안 ⑩헬스케어/의료 보안 ⑪스마트 산업제어시스템 보안
ICT 디바이스 (10)	①웨어러블 HW플랫폼 ②웨어러블 SW플랫폼 ③기타 웨어러블 디바이스 요소기술 ④3D프린터 ⑤무인이동체 ⑥ICT지능형 자동차 ⑦기타 ICT융합 디바이스 요소기술 ⑧스마트 센서 및 센서 플랫폼 ⑨지능형 반도체 ⑩기타 ICT디바이스 요소기술

【 문화체육관광부 수요조사서 양식 】

2015년 문화체육관광 연구개발사업 기술수요조사서

1. 연구개발 개요

제안 과제명		
연구 분야	대분류	중분류
	문화 콘텐츠 ☑	게임 ☑	애니메이션 □	영화 □	음악 □	출판 □	방송 영상 □	융복합 □
	문화예술 □	공연 □	전시 □	패션 □	전통문화 □	문화디자인 □
	서비스 R&D □	문화 콘텐츠 서비스 □	문화예술 서비스 □	문화복지 서비스 □
	스포츠 □	스포츠용품 □	스포츠 서비스 □	스포츠 시설 □	스포츠 융복합 □
	저작권 □	저작권 보호 □	불법 유통 모니터링 차단 □	합법 저작물 유통 지원 □	S/W 저작권 □	저작권 침해 분석, 추적 □	저작권 분배 정산 □
	관광 □	관광 서비스 □	관광 비즈니스 모델 개발 □	관광 프로세스 □	관광 생산성 □	지역관광 □
기관(업)명		
기관 유형	대기업 □	중견기업 □	중소기업 ☑	대학교 ☑	연구소 □	정부기관 □	기타(개인/학회 등) □ ※ 컨소시엄일 경우 복수 체크 가능	
제안자	성명 : 홍길동 직책 : 기술이사	휴대폰 : 0XX-0000-0000	사 무 실 : 0XX-0000-0000 이 메 일 : xxxxxxxxxxx@xxx.com

※ '제안과제명'은 제안하고자 하는 기술명을 포함하여 작성할 것
※ '연구 분야'는 대분류와 중분류를 각각 표시하며, 각 분류별 중복 체크 불가
※ '기관(업)명'은 사업자등록증에 명시되어 있는 공식명칭으로 작성하며 주관기관만 작성할 것
※ '기관 유형' 해당 분야에 ☑ 표시

2. 연구개발 지원 필요성 및 동향

필요성		ㅇ -
동향	국외	ㅇ -
	국내	ㅇ -

※ 제안 과제의 제안 배경과 연구개발 과제로서의 정부 지원의 필요성 제시
※ 국내외 경제적·산업적·기술적 동향 및 향후 전망을 간략하게 작성

3. 연구개발 목표 및 내용

연구 목표	○ -
연구 내용	○ -

※ 연구 목표 : 제안 과제를 통해 확보하고자 하는 제품・서비스의 사양 또는 성능 제시
※ 연구 내용 : 목표 달성을 위해 요구되는 수행 단계(연차)별 세부 추진 내용 및 체계를 제시하고 최종 산출물의 형태 등을 제시
※ 주요 연구 내용의 그림 또는 도식화 권장

4. 연구개발 기간 및 예산

기간 및 예산	○ 연구 기간 : ○ 연구개발비 :

※ 연구 기간 : 개발 목표 달성을 위해 소요되는 기간을 명시(예 : xx년 이내)
※ 연구개발비 : 연도별 소요 예산 금액과 전체 기술개발 기간 내 총 소요 예산을 합산하여 각각 기입(예 : 2015년 xx억 원 이내, 총 xx억 원)

5. 기대・파급 효과 및 기타

기대 및 파급효과	○ - ○ -

※ 기대 및 파급 효과 : 기술 개발 완료 시 제안 과제의 경제적・산업적・기술적 파급 효과 작성

※ **수요조사서는 *3페이지 이내*로 작성하고 파일명은 '연구 분야(대분류)_제안 과제명.hwp'로 제출**

* 본 수요조사는 문화체육관광부 2015년도 문화체육관광 연구개발사업의 신규 과제 기획에 활용되며, '15년 초 사업공고 및 선정 평가를 통해 수행기관을 선정할 예정임.

【 중소기업청 수요조사서 양식 】

기업 서비스 연구개발사업 수요조사 제안서

Ⅰ. 요약

① 접수번호						
② 제안 품목명						
③ 제안 사업명	기업 서비스 연구개발사업					
④ 기술 분류	구분	산업기술 표준분류	과학기술 표준분류	6T	국가중점 과학기술분류	유망품목
	대분류					
	중분류					
	소분류					
⑤ 키워드	한글					
	영문					
⑥ 개요/필요성						
⑦ 개발 목표						
⑧ 품목 내용	○ 주요 성능 - - ○ 주요 특징 - -					
⑨ 주요 결과물						
⑩ 사업비 및 인력	정부	(백만 원)	민간	(백만 원)	참여 인력	(M/Y)

| 작성요령 | (제안서 제출 시 "작성 요령" 부분은 삭제 요망) |

<제출 시 삭제 요망>

① **과제번호** : 시스템상에서 자동으로 채번된 번호 기재 예) S0000000

② **제안 품목명** : 개발하고자 하는 품목의 명칭을 기재
  예) *고효율 유기 - 무기 혼합형 Blue용 인광발광소재 개발*

③ **제안 사업명** : 기업 서비스 연구개발사업

④ **기술 분류** : 산업기술분류체계, 국가과학기술표준분류, 6T, 국가중점과학기술분류, 서비스 유망품목(별첨 자료)을 참조하여 개발 목표가 해당되는 기술분류체계 대·중·소 분류 모두 기재

  ○ 유망품목
  - 대분류 : 서비스 유망
  - 중분류 : 유망품목상 중분류

예시)

구 분	산업기술 표준분류	국가과학기술 표준분류	6T	국가중점 과학기술분류	유망품목
대분류	전기전자	G. 재료	IT	ICT 융합 신산업 창출	서비스 유망
중분류	광응용 시스템	G2. 세라믹	핵심 부품	SW·인터넷	자동차 섀시
소분류	광소재	G24. 광·화학기능재료	차세대 디스플레이 기술	지식 기반 빅데이터 활용기술	

※ 기술 분류는 향후 세부 품목 도출을 위한 분과위원회 구성 및 배정의 근거자료로 활용되니, 제안 과제의 핵심 개발 기술과 관련성이 높은 각 기술 분류의 세부 유형을 신중히 선택 바람.

⑤ **키워드** : 기술 개발 내용의 주요 키워드를 한글 및 영문 각 3개 이상 기재

⑥ **개요 및 필요성** : 개발 대상 기술·제품 기본 개념도 도식화, 과제의 기술·경제·산업적 중요성을 고려한 개발 필요성을 구체적으로 기술

⑦ **개발 목표** : 본 과제 수행을 통해 달성하고자 하는 목표

⑧ **개발 내용** : 주요 성능 및 내용

⑨ **주요 결과물** : 본 개발을 통해 도출하고자 하는 목표와 연계한 산출물 기술

⑩ **사업비 및 인력** : 기술 개발을 위한 재원을 정부출연금, 민간부담금별로 구분하여 기재하고 참여 인력(Man per Year : 연차별로 기술 개발에 참여해야 하는 인력)을 기재

> **각 부처 수요조사서에 포함되는 공통 내용과 설명**
> - 제안 과제명 : 제안하는 과제의 명칭
> - 기술 분야 : 제안하는 과제가 속한 분야
> - 기관 유형 : 과제가 추진될 경우 추진체계상의 기관 유형
> - 국내외 기술 동향 및 필요성 : 제안하는 기술에 대한 국내외 기술 동향 및 기술이 왜 필요한지에 대한 내용
> - 개발 목표 : 제안된 과제가 최종적으로 개발될 경우의 최종 목표
> - 개발 내용 : 개발 목표를 달성하기 위하여 필요한 기술 개발에 대한 내용
> - 기술 개발 기간 및 예산 : 기술 개발에 소요되는 기간과 소요되는 총예산
> - 기대 효과 : 기술 개발을 통한 효과

II. 수요조사서 작성하기

1. 개요

지금부터 앞서 설명한 수요조사서를 작성해 보려고 한다. 문체부 수요조사서 양식을 이용하여 수요조사서를 작성해 본다.

수요조사서에서 가장 중요한 것은 제안하려는 연구개발 주제, 즉 연구 아이템에 대한 *포지셔닝이다. 포지셔닝은 마케팅 용어지만 우리 회사의 연구개발 아이템을 국가 R&D 정책상에 어떻게 위치시키느냐를 고려하는 면에서 보면 그 의미상에서 유사하다고 볼 수 있다. 즉, 우리 기업, 우리 연구 아이템을 앞서 이야기한 정부의 R&D 기술 로드맵, 정책상에 어떻게 위치시키느냐가 중요하다. 그리고 해당하는 과제가 기존에 지원된 과제인지 확인하는 중복성 검증작업이 필요하다.

---

*포지션(position)이란 제품이 소비자들에 의해 지각되고 있는 모습을 말하며, 포지셔닝(positioning)이란 소비자들의 마음속에 자사 제품의 바람직한 위치를 형성하기 위하여 제품 효익을 개발하고 커뮤니케이션하는 활동을 말한다. 1972년 광고회사 간부인 알 리스(Al Ries)와 잭 트라우트(Jack Trout)가 도입한 용어로 '정위화(定位化)'라고도 한다.

연구 아이템에 대한 포지셔닝은 각 부처의 공시 자료상에 나타나는 기술 개발 로드맵 또는 기술 정책상에 위치시키는 것이고, 지원하려는 부처, 즉 문체부, 미래부 등의 공시자료인 기술 로드맵을 검색하여 분야를 확정하는 작업이 필요하다. 만약 로드맵이 없을 경우, 수요조사 설명회 자료 또는 각 해당 부처의 보도자료 등에서 R&D 기술에 대한 정책 방향을 알 수 있다.

기술 개발에 대한 정책적인 내용은 정부 공시자료를 통해 알 수 있으며, 각 부처의 R&D 기본계획 및 발전계획 등을 참고하여 아이템을 선정하되, 우리 회사와 맞는 연구 분야의 기본계획을 선택하여 참고해야 한다(각 부처의 기본 계획에는 로드맵이 포함되어 있음).

2017년 문화·체육·관광 연구개발 방향은 ①킬러 콘텐츠의 해외 진출 등 경쟁력 확보를 위한 가상현실(VR)과 증강현실(AR), 3차원(3D) 등 문화기술 개발, ②전통문화, 문화예술, 인문사회 등 국민 체감형 기술 개발, ③문화·체육·관광 등 영역 간 융합기술 개발, ④2018 평창동계올림픽에 활용될 수 있는 기술 개발 등에 초점을 맞출 예정이므로 이에 대한 포지셔닝을 해야 한다.

미래부도 ICT R&D 중장기 기술 로드맵에 대한 설명회 등을 통해 연구개발 방향을 공개하고 있으므로 이를 분석하여 해당 기술에 대한 포지셔닝을 할 수 있다.

예를 들면 현재 제안하려고 하는 아이템이 e-Learning에서 사용되는 기술이라면 문체부 R&D상에 최근 이슈화되고 있는 VR, AR 분야에서 포지셔닝을 하여 그에 해당하는 연구개발 아이템을 정하는 것이 유리하다. 그런 다음, 해당 아이템과 기존 과제와의 중복성 또는 기술 개발에 대한 주요 항목들을 파악하기 위하여 국가과학기술지식정보서비스를 검색해야 한다. 정부에서는 정부 R&D에 대한 연구 성과의 체계적인 관리 및 효율적 활용을 통한 새로운 가치 창조를 위하여 연구 성과를 관리하고 유통제도를 활성화하고 있으며, 관리 대상 연구 성과로는 등록(논문, 특허, 보고서 원문, 연구시설·장비, 기술요약 정보, 생명정보, 신품종, 소프트웨어)과 기탁[생물자원, 신품종(실물), 화합물]이 있다.

[제2차 문화기술 R&D 기본계획(안)(2013년 문화체육관광부)]

붙임 주요 과제 추진 일정(Action Plan)

추진 과제		협업 추진 부서	추진 일정
전략 1. 문화산업 경쟁력 제고			
1-1. 중점 분야별 문화 콘텐츠 역량 강화	'영화' 시각적 효과 극대화 및 유통 플랫폼 다변화	미래부	2013~
	'음악' K-POP 글로벌 서비스 기술을 통한 한류 확산	미래부	2013~
	'게임' 기능성 제고 및 관계 맺기형 놀이로 진화	미래부	2013~
	'애니·캐릭터' 창작·제작 과정 효율화	미래부	2013~
	'스토리 산업' 창의성 제고	미래부	2013~
1-2. 문화예술 첨단화	전통문화 재창조 및 미래 콘텐츠화	-	2013~
	현대 문화예술의 글로벌 상품화	-	2013~
	미래지향 실험적 예술 장르 발굴	-	2013~
1-3. 저작권 보호 및 이용 활성화	환경 변화에 부합하는 저작권 보호기술 개발	-	2013~
	저작권 침해 선제적 예방 및 기술 표준화	-	2013~
	저작권 이용 활성화 기반조성	-	2014~
전략 2. R&D를 통한 국민행복 증진			
2-1. 문화복지형 R&D 추진	문화 소외 계층별 체계적인 서비스 R&D 발굴·추진	-	2013~
	국민에게 찾아가는 서비스 문화기술 개발	미래부	2013~
2-2. 관광 서비스 혁신 및 지역문화유산 가치 제고	과학적 기법을 바탕으로 관광 서비스 혁신	복지부, 농림부, 해수부 등	2013~
	지역의 독창적 가치를 가진 문화유산 R&D 추진	-	2013~
2-3. 스포츠과학을 통한 국민 건강 증진	기술 혁신을 통한 국민 건강 증진·경기력 향상	복지부	2013~
	과학기술을 활용하여 융복합 스포츠산업 육성	미래부	2013~
전략 3. 창조형 R&D 지원 시스템 구축			
3-1. R&D 거버넌스 선진화	산·학·연 간 전문화 및 공동 협력 체계 구축	미래부	2014~
	범부처 공동 문화기술 R&D 강화	미래부, 산업부, 교육부, 복지부, 농림부, 국방부, 해수부 등	2014~
	문화기술 국제협력 전략적 추진	-	2014~
3-2. R&D 기반 구축	문화기술 R&D 정책 추진 체계 개선	-	2014~
	미래 문화산업을 선도할 융복합 핵심 인재 양성	-	2013~
3-3. 문화기술 R&D 투자 효율성 제고	성과중심 평가 및 환류 강화	미래부	2014~
	기술 사업화 촉진 및 성과 확산 강화	-	2014~
	민간 R&D 투자 활성화	기재부, 미래부	2013~

※협업 부처는 추진 과정에서 변경 가능

[2016 KISTEP 10대 미래유망기술 선정에 관한 연구(한국과학기술기획평가원)]

기술명	세부 내용
정신건강 진단·치료 기술	[정의] 정신적 스트레스에 대한 부적응과 정신병리 과정을 반영하는 생리적, 행동적 신호 변화를 다양한 생체신호 센서 모듈, 데이터 전송 통신 모듈 및 정신건강 증상과의 연관성 분석 및 질환 예측 알고리즘을 개발하여 증상 악화를 예측하고 이를 조절, 예방, 조기 치료하는 기술 [활용] 사물인터넷과 스마트기기 등을 활용한 다양한 정신건강 증진 및 관리 서비스, 조직 전체의 정신건강 또는 사회적 분노 상태 모니터링 시스템, 뇌 행동기반의 새로운 정신질환 발병예측과 조기진단 및 치료
소셜로봇	[정의] 일상생활에서 인간과 교감하며 인간의 정신적, 물리적 요구 사항을 충족시킴으로써 정서적 만족감을 높여주는 기계 및 소프트웨어 [활용] 정서적 의존성이나 공감대 형성이 필요한 다양한 개인용 서비스, 정신질환 영역(치매, 자폐증 등)의 치료, 사회적 소외계층의 정서적 안정 지원, 감성 ICT 기반 제품 및 서비스산업
빅데이터 기반 감염병 예측/경보 시스템	[정의] 질병의 전파 과정, 감염환자, 인구 데이터 등 다양한 데이터를 활용해 감염병의 지역 확산 가능성을 예측하고 미리 알려주는 기술 [활용] 빅데이터의 실시간 분석을 통해 정부 당국의 질병 관리정책에 도움을 주고, 국가 차원의 감염병 대응 능력을 개선하여 국민의 건강과 안전을 확보 가능
시스템 기반 미세먼지 대응기술	[정의] 미세먼지로부터 안심하고 활동하는 것이 가능하도록 대기 중의 미세먼지를 측정, 분류, 포집, 정화, 예측, 감시하는 기술 [활용] 미세먼지 예측 및 감시·경보 시스템, 휴대용 미세먼지 측정 및 대응방안 안내 프로그램, 건물·실내용 미세먼지 처리(정화) 시스템 등

국가과학기술지식정보서비스
(NTIS : National Science & Technology Information Service)

국가과학기술지식정보서비스는 사업, 과제, 인력, 연구시설·장비, 성과 등 국가연구개발사업에 대한 정보를 한곳에서 서비스하는 세계 최초의 국가 R&D 정보 지식 포털로, 국가 R&D 사업을 통하여 창출된 연구 성과를 한곳으로 모아서 국가적 차원에서의 공동 활용을 지원하고 있다.

※ 관련 근거
「국가연구개발사업의 관리 등에 관한 규정」 제25조, 「국가연구개발사업의 관리 등에 관한 규칙」 제12조, 「지식재산 기본법」 제31조

NTIS는 일반인에게 성과(물) 검색에 대한 서비스로 다음과 같은 정보를 제공하고 있다.
① 미래창조과학부가 지정한 성과물 전담기관으로부터 수집된 성과물 정보
② 국가연구개발사업 조사·분석을 통해 수집·검증된 연구 성과(논문, 특허)
③ 성과의 활용·확산을 위해 각 부처에서 우수 성과로 추천받은 정부 연구개발 우수 성과

이러한 서비스를 제공하기 위해서는 성과물 등록과 성과물 검증 지원이 선행되어야 한다. 성과물 등록 시 논문과 특허는 국가연구개발사업 조사·분석의 일환으로 과제를 관리하고 있는 전문기관이나 국가 R&D 표준정보관리서비스를 통해 등록할 수 있다.
논문과 특허를 제외한 나머지 연구 성과물(보고서 원문, 소프트웨어, 기술요약 정보, 생명자원, 화합물, 연구시설·장비)에 대해서는 성과물 전담기관이 별도로 정한 등록·기탁 양식을 작성하여 해당 전담기관에 등록 또는 기탁할 수 있다.
성과 검증에서는 국가연구개발사업 조사·분석과 관련하여 성과로 제출된 논문과 특허에 대한 진위 여부를 확인하는 기능을 제공한다.

- 논문 : 해당 논문이 SCI(E) 논문인지에 대한 진위 여부를 확인
- 특허 : 해당 특허가 국내 출원·등록된 특허인지에 대한 진위 여부를 확인

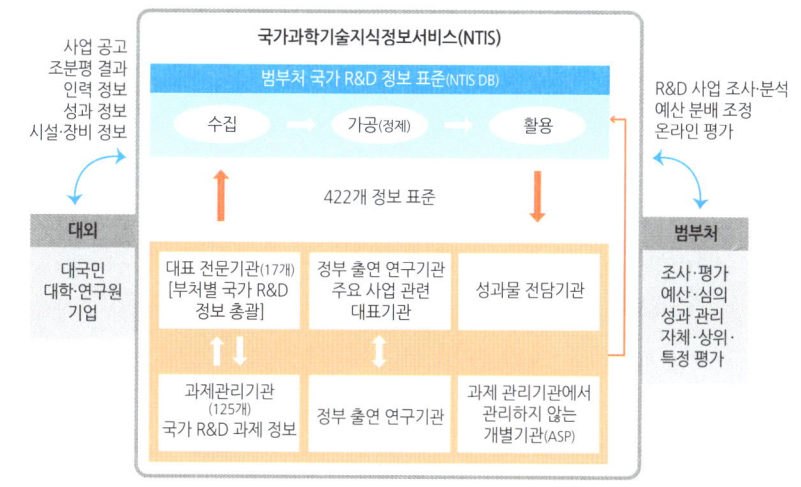

NTIS 서비스 개요

NTIS에는 17개 부처·청이 연결되어 있으며, 각 부처·청의 대표 전문기관은 다음 표와 같다. 이러한 기관과 연계된 R&D 과제를 수행하는 업체와 학교에서는 성과물을 등록한다.

NTIS 연계 부처·청

부처·청	대표 전문기관
미래창조과학부	한국연구재단, 정보통신기술진흥센터
교육부	한국연구재단
문화체육관광부	한국콘텐츠진흥원
농림축산식품부	농림수산식품기술기획평가원
산업통상자원부	한국산업기술평가관리원
보건복지부	한국보건산업진흥원
환경부	한국환경산업기술원
국토교통부	국토교통과학기술진흥원
해양수산부	한국해양과학기술진흥원
식품의약품안전처	식품의약품안전처
농촌진흥청	농촌진흥청
중소기업청	중소기업기술정보진흥원
방위사업청	국방기술품질원
기상청	한국기상산업진흥원
산림청	산림청
국민안전처	국립재난안전연구원
문화재청	국립문화재연구소

성과물 전담기관은 R&D 등록 성과물을 등록·기탁하게 하여 이를 관리하는 기관으로 각 성과물에 대한 전담기관은 다음과 같다. 산업재산권의 경우, 한국지식재산전략원에서 제공하고 있다.

성과물 전담기관

성과물		전담기관	등록/기탁 구분
논문		한국과학기술정보연구원	등록
특허		한국지식재산전략원	등록
보고서 원문		한국과학기술정보연구원	등록
기술요약 정보		한국산업기술진흥원	등록
소프트웨어		한국저작권위원회	등록
		정보통신산업진흥원	등록
연구시설·장비		한국기초과학지원연구원	등록
화합물		한국화학연구원	기탁
생명 자원	생명 정보	한국생명공학연구원	등록
	생물자원		기탁
	신품종 정보	농림수산식품교육문화정보원	등록
	신품종 실물	농업유전자원정보센터	기탁

연구 아이템과 관련해서는 우리 회사가 가지고 있는 아이템을 부처의 정책에 반드시 포지셔닝하여 추진하도록 한다.

이러한 R&D 사업을 위한 아이템을 결정할 때는 크게 2가지 경우를 생각한다. 하나는 세상에 없는 새로운 기술을 개발하는 것이고, 다른 하나는 기존 기술을 고도화하여 새로운 것을 개발하는 것이다. R&D 경험이 없는 기업들은 기술을 개발하면 그게 R&D라고 착각한다. 그래서 소프트웨어 분야에서 SI 관련 기술 개발 내용을 R&D 제안서로 제안하는 사례를 종종 볼 수 있다.

① 세상에 없는 새로운 기술을 개발하는 경우 : 신소재 개발, 신약 개발, 새로운 기술 개발

② 기존 기술을 고도화하여 새로운 것을 개발하는 경우 : 기존 기술을 이용하여 새로운 서비스 개발, 기존 기술을 고도화하여 새로운 기술 개발, 서로 다른 분야를 합친 융합기술 개발 등

따라서 우리 회사 아이템의 제품수명주기를 진단하고, 그에 따라 최신의 트렌드를 입혀 R&D 기술로 만드는 작업을 해야 한다. 이는 쇠퇴기에 있는 아이템에 최신 기술 분야를 접목시켜 제품 개발이나 도입 단계로 이동시키는 것이다.

제품수명주기(PLC : Product Life Cycle)

하나의 제품이 시장에 나온 후 성장·성숙 과정을 거쳐 쇠퇴하기까지의 과정을 말한다.

① 제품 개발 단계 : R&D 등을 통하여 제품을 개발하는 단계

② 도입 단계 : 신제품이 처음 시장에 선을 보이는 단계로 신제품에 대한 낮은 인지도, 기존 제품의 소비습관에 따른 완만한 매출 증가, 높은 유통비용과 광고, 판촉비용의 지출로 인한 손실이 발생할 우려가 있다.

③ 성장 단계 : 신제품의 목표시장 내 판매가 급속하게 증가하는 단계로 수익이 발생하기 시작하고, 도입 단계에 비해 경쟁자 수가 증가한다.

④ 성숙 단계 : 제품의 매출 성장률이 지속적으로 둔화되기 시작하는 단계로, 시장이 포화 상태에 있어 신규고객이 감소하고, 경쟁이 가장 치열해지며, 가장 많은 경쟁자가 존재한다.

⑤ 쇠퇴 단계 : 제품의 판매량이 절대적으로 감소하는 단계로, 시장 수요의 포화, 신기술의 출현, 사회적 가치의 변화, 고객 욕구의 변화 등으로 많은 기업이 시장에서 철수하며, 시장에 남아 있는 기업들은 경쟁력이 취약한 제품을 제거하는 등 제품의 수를 축소하는 단계이다.

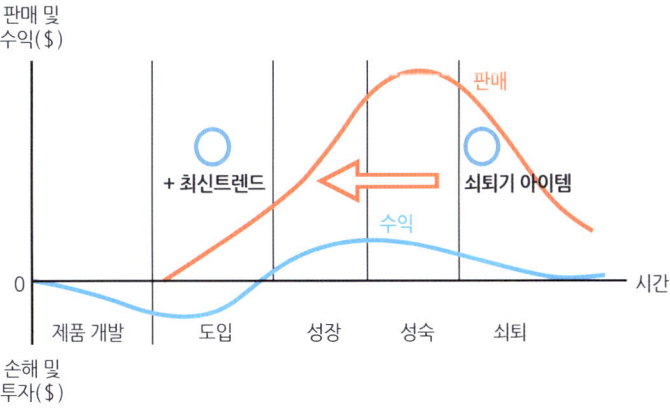

제품수명주기 이론

제품수명주기 단계별 특성

구분	도입 단계	성장 단계	성숙 단계	쇠퇴 단계
매출	낮음	급격히 증가	최고점	감소
수익	미발생	증가	고수익	감소
경쟁자	소수	증가	안정세(유지하다 감소)	감소
고객	혁신고객	선구고객	일반고객	낙오고객

아이디어를 대략적으로 작성하였다면 그 아이디어에 최신의 트렌드에 맞는 내용을 반영하고 이를 부각시켜야 한다. 이는 향후 사업의 최신 트렌드에 해당 아이템이 없어서는 안 되는 꼭 필요한 아이템이라는 것을 강조하기 위한 것이다.

국가 R&D의 최신 트렌드는 아마 국가 R&D 정책과 각 부처의 기술 개발 전략, 즉 로드맵에 준하는 기술 개발 내용일 것이다. 따라서 이에 대한 자료를 확보하는 것을 최우선 전략으로 해야 한다.

다음은 ICT 분야의 대표적인 최신 기술 동향을 얻을 수 있는 사이트들이다.

- 한국과학기술기획평가원   http://www.kistep.re.kr
- 국가과학기술정보서비스 NTIS   http://www.ntis.go.kr
- 정보통신산업진흥원   http://www.nipa.kr
- 한국콘텐츠진흥원   http://www.kocca.kr
- 한국저작권위원회   http://www.copyright.or.kr
- 정보통신산업진흥원의 ITFIND   http://www.itfind.or.kr
- 글로벌 과학기술정책정보서비스   http://www.now.go.kr
- 정보통신정책연구원   http://www.kisdi.re.kr
- 한국과학기술정보연구원   http://www.ndsl.kr
- 정보통신기술진흥센터   http://www.iitp.kr
- 한국인터넷진흥원   http://www.kisa.or.kr
- 한국정보통신기술협회   http://www.tta.or.kr

- 한국교육학술정보원 KERIS   http://keris.or.kr
- 학술연구정보서비스 RISS   http://www.riss.kr
- 특허정보넷 키프리스   http://www.kipris.or.kr
- KT 경제경영연구소 DISIECO   http://www.digieco.co.kr
- 삼성경제연구소 SERI   http://www.seri.org
- LG경제연구원 LGERI   http://www.lgeri.com

2. 수요조사서 작성 방법

그럼 지금부터 수요조사서를 작성해 본다. 이 책에서는 PC 기반의 문제은행 시스템 기술을 보유하고 있는 회사가 스마트 환경에서 사용할 수 있는 문제은행 시스템을 제안하는 것을 예시로 하여 수요조사서를 작성한다.

1) 연구개발 개요 작성하기

현재 우리 기업이 가지고 있는 연구 아이템이 결정되었다면 이제 수요조사서를 작성할 수 있다. 수요조사서의 맨 처음 항목은 연구개발 개요 작성하기이다. 여기에는 제안 과제명, 연구 분야, 수요조사서를 제출할 기관명, 기관 유형, 제안자에 대한 내용이 포함된다.

제안 과제명은 R&D 과제명 작성의 가이드라인 지침에 따라 작성하면 된다. 하지만 수요조사서 작성 단계에서부터 연구 과제명에 너무 신경 쓸 필요는 없다. 향후에 수요조사서가 과제 기획 대상이 되고, 과제 기획을 수행하다 보면 변경될 수도 있기 때문이다.

연구 분야는 해당하는 기술 분야를 체크하면 되고, 기업명과 기관 유형은 제안자의 소속을 작성하면 된다.

제안자 난에는 제안자의 성명, 직책, 연락처 등을 기입한다.

제안 과제명	양방향 기반의 사용자 맞춤 기능 제공을 위한 차세대(e-Learning 3.0) 문제은행 시스템	
연구 분야	대분류	중분류
	문화 콘텐츠 ☑	게임 ☐ ｜ 애니메이션 ☐ ｜ 영화 ☐ ｜ 음악 ☐ ｜ 출판 ☐ ｜ 방송 영상 ☐ ｜ 융복합 ☑
	문화예술 ☐	공연 ☐ ｜ 전시 ☐ ｜ 패션 ☐ ｜ 전통문화 ☐ ｜ 문화디자인 ☐
	서비스 R&D ☐	문화 콘텐츠 서비스 ☐ ｜ 문화예술 서비스 ☐ ｜ 문화복지 서비스 ☐
	스포츠 ☐	스포츠용품 ☐ ｜ 스포츠 서비스 ☐ ｜ 스포츠 시설 ☐ ｜ 스포츠 융복합 ☐
	저작권 ☐	저작권 보호 ☐ ｜ 불법 유통 모니터링 차단 ☐ ｜ 합법 저작물 유통 지원 ☐ ｜ 소프트웨어 저작권 ☐ ｜ 저작권 침해 분석, 추적 ☐ ｜ 저작권 분배 정산 ☐
	관광 ☐	관광 서비스 ☐ ｜ 관광 비즈니스 모델 개발 ☐ ｜ 관광 프로세스 ☐ ｜ 관광 생산성 ☐ ｜ 지역관광 ☐
기관(업)명	㈜이러닝	
기관 유형	대기업 ☐ ｜ 중견기업 ☐ ｜ 중소기업 ☑ ｜ 대학교 ☑ ｜ 연구소 ☐ ｜ 정부기관 ☐ ｜ 기타(개인/학회 등) ☐ ※컨소시엄일 경우 복수 체크 가능	
제안자	성명 : 홍길동 직책 : 기술이사	휴대폰 : 0XX-○○○○-○○○○	사무실 : 0XX-○○○○-○○○○ 이메일 : xxxxxxxxxxxx@xxx.com

2) 연구개발 지원 필요성 및 동향 작성하기

연구개발 지원 필요성 및 동향 작성하기에서는 연구 개요와 필요성을 작성한다. 개요 부분, 즉 제안하는 수요조사서에서 무엇을 개발할 것인지가 명확하지 않으면 연구 내용이 잘 설명되지 않을 수 있으므로 항상 연구 개요를 먼저 작성하고 그다음에 필요성을 작성하도록 한다.

다음과 같이 개요와 함께 개념도를 작성해 주는 것도 이해도를 높이는 데 도움이 된다.

동향을 작성할 때는 국내외 기술 동향을 작성해 준다. 이때 많은 작성자가 제안하는 연구과제 내용과 일치하는 기술 동향 내용을 찾는 데 많은 시간을 소비하는 우를 범한다. 생각해 보자. 우리가 제안하는 연구 내용과 일치하는 동향이 있을까? 만에 하나 일치한다면 그 아이템은 중복아이템으로 R&D 아이템으로서 가치가 없다. 따라서 동향을 작성할 때는 제안하려고 하는 연구 과제와 관련된 시사점을 먼저 고려한 다음에 거기에 맞춰서 기술 동향 내용을 맞춰서 조사

필요성		• 사용자에게 일방적으로 문제은행 서비스를 제공하는 것이 아니라 시험 보기 기능, 학습 패턴, 취약점 관리, 오답노트 등의 기능을 제공하여 사용자 맞춤형으로 문제은행 서비스를 제공할 수 있는 문제은행 시스템을 개발한다. 　– 기존의 문제은행 시스템은 단순히 사용자에게 문제만을 제공하고 있으며, 공부를 잘하는 학생이나 못하는 학생에게 동일한 문제를 제공하고 있어, 문제별로 속성이 입력되지 않은 문제점이 있다. 　– 단방향적인 서비스로 사용자 맞춤 서비스가 불가능하다. 문제은행 시스템 ↔ 사용자 　　　　　　　　• 문제 요청 　　　　　　　　• 문제 풀이 제공 　　　　　　　　• 사용자 맞춤 문제 제공 　↑ 운영자　　　　• 문제 입력 및 등록 　　　　　　　(시험별/속성별/문항별) 개요도

하도록 한다.

　다음과 같이 수요조사서상에 '시사점'이라고 표시하여 작성하는 것도 하나의 방법이다.

동향	국외	• 혼합현실 기반 기술을 이용한 e-Learning 서비스 　– 모바일용 혼합현실(Augmented Reality) 기술이 발전하면서 스마트폰이나 UMPC에 부착된 카메라로 현실 세계를 인식하고, 모바일 단말기에서 구동되는 영상 합성, 렌더링 기술이 개발되고 있으며, 휴대용 디바이스를 가진 사용자의 증가로 인해 확장성이 높은 장점이 있다. • 국외 e-Learning의 특징 및 시사점 　– 국외 e-Learning의 경우, 스마트폰을 기반으로 하는 혼합현실 기반 기술과 게임 기반의 교육 서비스가 준비되고 있으나, 폐쇄적인 플랫폼 환경에서의 각기 다른 플랫폼 환경이 구현되어 있어 애플리케이션의 다양화가 어려워 보이며, 서비스 확장 측면에서 개방형 플랫폼으로의 전환이 필요하다.
	국내	• 기존의 웹 기반 문제은행 시스템 및 동영상 강좌 서비스 　– 워드프로세서 프로그램인 한글을 문서 기반으로 하여 문제은행을 구축하고 단순히 인쇄 및 출판 서비스만을 제공한다. 　– 단방향적이고, 사용자의 수준 및 능력에 상관없이 한 가지 강좌만을 제공한다. • 모바일 러닝(m-Learning) 서비스 　– 모바일 러닝은 화면이 작은 모바일 기기를 통해 이루어지는 만큼, 기존 e-Learning

국내

과는 이용자 경험(UX : User Experience) 면에서 많은 차이를 보인다는 한계가 있다.
- 다양한 플랫폼과 인프라로 사업 수행에 어려움이 있다.

- 국내 e-Learning의 특징 및 시사점
  - UI 측면에서 웹 기반의 e-Learning과는 또 다른 관점에서 접근해야 하며, 모바일 러닝의 수요 확대와 지속적인 발전을 위해서는 각 이해관계자와 수요자의 요구, 시장 상황을 고려하여 접근해야 한다.

3) 연구개발 목표 및 내용 작성하기

연구개발 목표 및 내용 작성하기에서는 앞서 필요성 부분에서 작성한 개요 부분을 한번 더 작성한다. 개요가 궁극적으로 연구 과제의 최종 목표이기 때문이다.

연구 목표에서는 최종 산출물과 성능 목표치를 제시하도록 한다.

최종 산출물은 추후 조정될 수 있으므로 너무 자세하게 작성할 필요는 없다. 단지 성과 측면에서 작성하도록 한다.

솔직하게 말하면, 연구 아이템, 연구 주제가 적절하지 않으면 연구 목표 및 성과 그리고 성능 목표치는 크게 주목을 받지 못한다. 즉, 논의할 대상으로까지 발전이 안 된다는 것이다.

성능 목표치는 평가 항목, 단위, 비중, 세계 최고 수준, 국내 기술 수준, 개발 목표치에 대하여 작성하도록 한다. 기술 수준에 비해 개발 목표치를 현저하게 낮게 잡는 경우도 있는데, 그런 것은 지양해야 한다.

성능 항목에 대한 내용은 향후 연구개발의 성공과 실패에 대한 중요한 지표가 될 수 있기 때문에 신경을 써야 한다.

연구 내용은 연구 주제, 즉 최종 목표를 수행하기 위하여 필요한 기술 개발 내용을 작성하고, 가장 큰 상위개념의 연구 주제를 작성하도록 한다.

과제의 주제가 사용자에게 일방적으로 문제은행 서비스를 제공하는 것이 아니라 시험 보기 기능, 학습 패턴, 취약점 관리, 오답노트 등의 기능을 제공하여 사용자 맞춤형으로 문제은행 서비스를 제공할 수 있는 차별화된 문제은행 시스템을 개발하는 것이라고 한다면, 연구 내용은 이를 구성하는 주요 연구 항목 위주로 작성하면 된다.

- 본 기술 개발 과제에서는 사용자에게 일방적으로 문제은행 서비스를 제공하는 것이 아니라 시험 보기 기능, 학습 패턴, 취약점 관리, 오답노트 등의 기능을 제공하여 사용자 맞춤형으로 문제은행 서비스를 제공할 수 있는 문제은행 시스템을 개발한다.

(논문 3편, 특허 2건, 표준 1건)

	평가 항목	단위	비중(%)	세계 최고 수준 (보유국/보유 기업)	연구개발 전 국내 수준	개발 목표치
연구목표	1. 콘텐츠 인식 속도	초	10	3초 이하 (미국/구글)	고	3초 이하
	2. 시스템 사용률	%	10	-	중	10% 이하
	3. 강인성 13개 항목	%	50	95% 이상 (미국/디지마크)	고	95% 이상
	4. 인식의 일관성	%	10	100% 이상 (미국/디지마크)	중	100% 이상
	5. 불인식의 일관성	%	10	100% 이상 (미국/디지마크)	중	100% 이상
	6. 오인식의 일관성	%	10	100% 이상 (미국/디지마크)	중	100% 이상

아래에서는 문제은행 시스템 개발을 위하여 단말 부분, 서버 부분, 문제 입력을 위한 문제 입력기 그리고 기술 문제에 대한 데이터베이스(DB) 구축 영역으로 나누어 제시하였다.

연구 내용	• 사용자별 맞춤학습 애플리케이션 개발(단말 부분)
	• 사용자별 맞춤학습 지원 서버 개발
	  – 사용자별 맞춤학습 판별 알고리즘 연구개발
	• 멀티미디어 기반의 문제 입력기 개발
	  – 텍스트/이미지 기반 문제 추출 및 생성 알고리즘 연구개발
	• 수능 기출문제 데이터베이스 구축(모의고사 문항 포함)

4) 연구개발 기간 및 예산 작성하기

다음은 연구개발 기간 및 예산 작성하기이다. 연구개발 기간 및 예산 작성하기는 일반적으로 기업 과제의 경우 3년을 기준으로 작성한다. 기업은 기초원천 개발보다는 응용개발을 목표로 하기 때문이다. 응용기술의 경우에는 3~5년의 기간을 설정할 수 있다고는 하지만, 일반적으로는 3년을 기준으로 작성한다.

연구 기간은 기초원천, 응용, 개발 과제의 특성에 따라 다르므로 각 과제의 특성에 맞춰 작성하도록 한다. 연구개발비도 예산에 대한 조정이 있을 수 있으니 조정하도록 한다.

연구 기간이나 연구개발비 내용이 어려운 분들은 전년도 지정공모 과제 내용을 참조하여 연구 내용의 범위에 따른 연구 기간 및 연구개발비를 책정할 수 있다.

기간 및 예산	• 연구 기간 : 3년 • 연구개발비 : 30억 원(3차연도 사업)

5) 기대·파급 효과 및 기타 작성하기

기대·파급 효과 및 기타 작성하기는 기술 개발을 통하여 기대되는 효과나 파급 효과를 적어 준다. 여기에는 일반적으로 기술적 측면, 경제·산업적 측면 그리고 활용 방안 순으로 작성한다.

기대 및 파급 효과	• 기술적 측면 　- 스마트폰(아이폰, 안드로이드폰, 바다폰) 및 다양한 시스템 환경 변화에 손쉽게 대응 　- 하나의 애플리케이션을 다양한 매체에 적용하여 동일한 서비스를 제공할 수 있어 기술 개발 비용 절감 　- 모바일 기기로의 확대로 인하여 학습의 이동성 확보 　- 사용자에 대한 문제 수준, 진도, 연습 풀이 수준, 오답에 대한 이해도를 고려하여 기출문제를 제공할 수 있도록 데이터베이스의 인덱스를 다양하게 구축 • 경제·산업적 측면 　- 현재 고등학교 사교육 규모는 4조 2,000억 원으로 대학수학능력시험을 대비하는 것이 대부분이며, 이를 개선하도록 신개념의 양방향 시험 훈련 서비스를 제공하여 가정의 사교육비와 학생의 학습 훈련 시간을 효과적으로 개선한다. 　- SAT(Scholastic Aptitude Test), GRE(Graduate Record Examination) 등과 같은 외국(미국, 일본, 유럽 등)의 학습 콘텐츠에 대한 서비스 확대로 해외시장 진출의 효과가 있다. • 활용 방안 　- 본 기술 개발이 완성되면 전자책 시장의 급성장이 예상되는 시점에 학습 콘텐츠를 전자책 콘텐츠 서비스로도 확대 제공하여 차세대 지식 서비스 산업에 적극 참여하고자 한다. 　- 양방향 서비스를 지속적으로 개선하여 스마트폰, 전자책 연동 전자노트 시스템, 다국어 버전 시스템으로 업그레이드하여 재외동포 수험생 등 해외시장까지 진출한다.

과제기획서 작성

I. 과제기획서 개요

앞서 과제 기획자로 선정되기 위하여 수요조사서를 작성하였다. 수요조사서가 통과되어 과제 기획 대상에 선정되었다면 이제부터는 최후까지 과제를 살리기 위하여 혼신의 기획을 해야 한다. 기획과 계획의 차이는 잘 알고 있을 것이다. 기획이 어떤 것을 하기 위해 자신의 생각을 표현한 것이라고 한다면, 계획에는 어떤 것을 달성하기 위한 방법과 어떻게 할 것인지를 결정하는 과정이 포함된다는 차이가 있다. 따라서 기획에 대한 내용을 정부 양식에 따라 작성하도록 한다.

과제 기획에 앞서 국가 연구개발 기술 수준에 대해 이해해 둘 필요가 있다. 국가에서는 2009년 한국산업기술평가관리원에서 발행한 산업원천 전략기술별 *TRL(Technology Readiness Level, 기술성숙도) 평가지표를 활용하여 연구개발 기술 수준을 정의한다. 기술 수준은 9단계로 구분되며, 이를 크게 기초연구 단

---

*TRL은 특정기술(재료, 부품, 소자, 시스템 등)의 성숙도 평가를 말한다. 이종기술 간의 성숙도 비교를 위한 체계적인 미터법으로 미국 NASA에서 우주 산업의 기술투자 위험도 관리의 목적으로 1989년 스탠 새딘(Stan Sadin) 등이 처음 도입하였으며, 현재 미국의 NASA, DOD, 영국의 MOD 등에서 활용 중이다.

계, 실험 단계, 시작품 단계, 실용화 단계, 사업화 단계로 나눈다.

우선적으로 TRL상 5단계 이상 되는 경우 실제 R&D 기획 과제로 선정되기 어렵다는 것을 명심하고, 만약 TRL 5단계 이상일 경우에는 기술 이전 과제, 상용화 과제, 표준화 과제 등을 만들 수 있으나 단년도 과제가 대부분일 것이다.

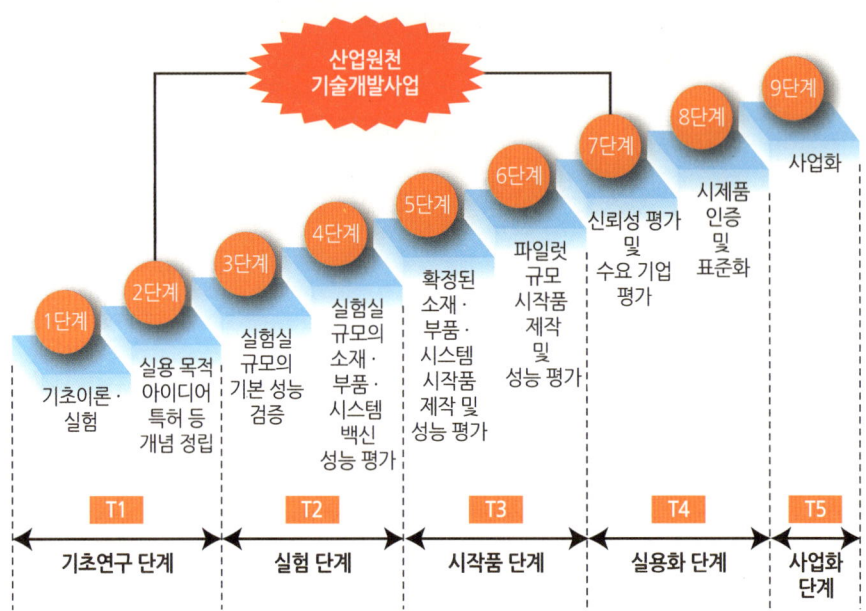

TRL 단계별 정의 및 요구사항

TRL 단계별 정의 및 세부 설정

구분	단계	정의	세부 설명
기초 연구 단계	1	기초 이론·실험	• 기초이론 정립 단계
	2	실용 목적 아이디어, 특허 등 개념 정립	• 기술 개발 개념 정립 및 아이디어에 대한 특허 출원 단계
실험 단계	3	실험실 규모의 기본 성능 검증	• 실험실 환경에서 실험 또는 전산 시뮬레이션을 통해 기본 성능이 검증될 수 있는 단계 • 개발하려는 부품·시스템의 기본 설계도면을 확보 단계
	4	실험실 규모의 소재·부품·시스템 핵심성능 평가	• 시험 샘플을 제작하여 핵심성능에 대한 평가가 완료된 단계 • 3단계에서 도출된 다양한 결과 중에서 최적의 결과를 선택하려는 단계 • 컴퓨터 모사가 가능한 경우 최적화를 완료하는 단계 • 의약품 등 바이오 분야의 경우 목표 물질이 도출된 것을 의미

구분	단계	정의	세부 설명
시작품 단계	5	확정된 소재·부품·시스템 시작품 제작 및 성능 평가	• 확정된 소재·부품·시스템의 실험실 시작품 제작 및 성능 평가가 완료된 단계 • 개발 대상의 생산을 고려하여 설계하나 실제 제작한 시작품 샘플은 1~N 개 미만인 단계 • 경제성을 고려하지 않고 기술의 핵심성능으로만 볼 때, 실제로 판매가 될 수 있을 정도로 목표 성능을 달성한 단계 • 의약품은 GMP(Good Manufacturing Practice, 제조 및 품질관리 기준) 파일럿 설비를 구축하는 단계
	6	파일럿 규모 시작품 제작 및 성능 평가	• 파일럿 규모(복수 개~양산 규모의 1/10 정도)의 시작품 제작 및 평가가 완료된 단계 • 파일럿 규모 생산품의 생산량, 생산용량, 수율, 불량률 등 제시 • 파일럿 생산을 위한 대규모 투자가 동반되는 단계 • 생산 기업이 수요 기업 적용 환경과 유사하게 자체 현장 테스트를 실시하여 목표 성능을 만족시킨 단계 • 성능 평가 결과에 대해 가능하면 공인인증기관의 성적서를 확보 • 의약품의 경우 비임상 시험 기준인 GLP(Good Laboratory Practice, 동물 실험 규범) 기관에서 전임상시험을 완료하는 단계
제품화 단계	7	신뢰성 평가 및 수요 기업 평가	• 실제 환경에서 성능 검증이 이루어지는 단계 • 부품 및 소재 개발의 경우 수요 업체에서 직접 파일럿 시작품을 현장 평가(성능뿐만 아니라 신뢰성에 대해서도 평가) • 의약품의 경우 임상 2상 및 3상 시험 승인 • 가능하면 KOLAS 인증기관 등의 신뢰성 평가 결과 제출
	8	시제품 인증 및 표준화	• 표준화 및 인허가 취득 단계 • 조선 기자재의 경우 선급기관 인증 의약품의 경우 식약청의 품목 허가
사업화 단계	9	사업화	• 본격적인 양산 및 사업화 단계 • 6-시그마 등 품질관리가 중요한 단계

출처 : 2009년 한국산업 기술평가관리원, 산업원천 전략기술별 TRL(Tehnology Readiness Level, 기술성숙도)평가지표

II. 과제 기획의 필수 요소

각 부처별 기획평가원에서는 좋은 과제를 발굴하고, 성과를 만들기 위하여 노력하며, 수요조사서에서 1.5~3배수 과제를 발굴하고, 과제 기획을 통하여 최종 과제를 만들기 때문에 아주 세심하게 작업을 해야 한다. 과제기획서는 각 부처마다 양식은 다르지만 핵심내용은 아래와 같이 유사하다.

> 1. 과제명
> 2. 개요(개념 및 정의, 지원 필요성)
> 3. 후보 과제 분석(기술성 분석, 시장성 분석, 독창성 분석, 장애요인, 기술 개발의 성공 가능성)
> 4. 연구 목표 및 연구 내용(최종목표 및 내용, 연도별 목표 및 내용)
> 5. 추진체계 및 사유
> 6. 연구 기간 및 연구비
> 7. 연구개발 결과의 활용 방안 및 기대 효과
> 8. RFP

III. 과제기획서 작성하기

1. 과제명 작성하기

과제기획서에서 과제명 작성하기는 아주 중요한 위치를 차지한다. 과제의 명칭만으로도 이 과제가 무엇을 위한 과제인지를 명확히 해주기 때문이다. 따라서 과제명은 관련 기술 담당자가 보면 무슨 기술 개발을 하려는지 직관적으로 연상되도록 작성해야 한다. 또한 최신 기술 동향 이슈나 정책적인 방향이 포함된 과제명이 정부에서 밀어야 하는 직관적인 과제명이 될 수 있다.

그러기 위해서 과제명은 쉽고 명확해야 한다. 여기서 '쉽고'는 일반인이 아닌 동종업계에 종사하고 있는 사람들에게 쉽다는 의미다. 과거 지식경제부에서는 이러한 과제명 작성의 어려움을 해소하기 위하여 과제명을 작성하는 가이드라인을 다음 표와 같이 제공하였다. 가이드라인은 공통, 과제명, 부과제명, 요약문, 과제명 수정 5가지로 구성되어 있다.

지식경제 R&D 과제명 작성 가이드라인

구분	항목
공통	• 한글 맞춤법에 맞아야 한다(외래어 표기법 포함). • 일반적이지 않은 약어는 되도록 사용을 삼가한다.

과제명	• 과제명은 명확하고, 쉽고, 간결하며, 과학적·기술적으로 표현 가능한 쉬운 용어를 사용하고, 정보 공개에도 적합해야 한다.
	• R&D 과제명은 R&D의 5가지 속성*이 포함되는 것을 원칙으로 하여 작성하되, R&D 목표·기술 수준, 적용 대상은 과제명에 반드시 포함되어야 한다.**
	  *R&D 목적, 적용 대상, R&D 목표, R&D 목표(기술) 수준, R&D 단계
	  **특별한 이유가 있지 않는 한, R&D의 5가지 속성 중 R&D 목표(기술) 수준은 수치적으로 명확하게 제시하여야 한다.
	• 과제명 및 부과제명 작성 시 의도적 모호성*은 배제되어야 한다.
	  *연구비를 쉽게 확보하기 위하여 연구 범위를 포괄적으로 제시한다든지, 과제명에 기술 수준이나 목표가 분명하게 드러나면 연구자 간 비교가 쉬워지므로 명확한 기준과 목표를 제시하지 않는다든지 등
	• R&D 결과물과 기술적·직접적으로 연관성이 적은 용어와 화려한 미사여구 등은 사용을 삼가*하되, 구체적인 규격이나 범위 등을 함께 활용·작성하는 경우에는 사용이 가능하다.**
	  *고부가가치, 차세대, 첨단, 녹색, 그린 등
	  **'초고속 열차'(×) → '400Km/hr 초고속 열차', 저전력(×) → '시간당 10W 전력을 소비하는' 등
	• 주제어 중심으로 60자, 20단어 이내로 작성

부과제명	• 부과제명은 일부 과제에 대해서만 필요 시 선택적으로 작성·사용한다. 과제명만으로 내용 전달이 어려운 경우(개발하고자 하는 기술이 다양한 경우 등), 기술·시장의 환경 변화 등으로 인해 계속과제의 과제 개발 목표의 변경·수정이 필요할 경우에만 사용 • 주제어 중심으로 100자, 30단어 이내로 작성

요약문	• 요약문은 과제 내용을 보다 명확하게 전달하기 위하여 반드시 작성한다.
	• '기본 정보'와 '요약 정보'로 구분하여 서술한다.
	  – 기본 정보 : 대상 사업, 연구비, 협동 연구 여부, 키워드 등
	  – 요약 정보 : R&D 목적 및 목표, R&D 주요 내용, R&D 목표 수준 및 차별성 등

과제명 수정	• 신규 과제 선정 평가 시, 과제명 가이드라인에 따라 작성되지 않은 과제명은 협약 전 과제 책임자로 하여금 과제명을 보완하게 하거나 과제 선정평가위원회에서 직접 과제명을 수정한다. • 기술·시장의 환경 변화 등으로 인해 계속과제의 과제명 수정이 필요할 경우, 부과제명에 수정된 과제명을 기재한다. – 과제의 목표 변경은 전담기관 승인을 통해 수정 가능

출처 : 지식경제부(2011년)

공통 영역에는 2가지 권고사항이 있는데, 첫 번째가 한글 맞춤법에 맞아야 한다(외래어 표기법 포함)는 것이고, 두 번째가 일반적이지 않은 약어는 되도록 사용을 삼가하는 것이다. 따라서 이를 기본으로 해서 작성해야 한다.

과제명에서는 과제명을 작성하는 5가지 원칙을 권고하고 있고, 부과제명은 과제명만으로 내용 전달이 어려울 경우 작성하도록 권고하고 있다.

요약문에서는 요약문 내용을 보다 명확하게 전달하기 위하여 작성하는 기본 정보와 요약 정보에 대해 권고한다. 과제명 수정은 과제명 가이드라인에 따라 작성하지 않은 과제명을 협약 전 수정 및 보완하는 내용을 권고하는 내용이다.

과제명 작성의 5가지 권고사항을 좀 더 구체적으로 살펴보면 다음과 같다.

첫 번째, 과제명은 명확하고, 쉽고, 간결하며, 과학적·기술적으로 표현 가능한 쉬운 용어를 사용하고, 정보 공개에도 적합해야 한다. 이는 되도록 과제명이 쉽게 전달되어야 한다는 것이다.

두 번째, R&D 과제명은 R&D의 5가지 속성이 포함되는 것을 원칙으로 하여 작성하되, R&D 목표·기술 수준, 적용 대상은 과제명에 반드시 포함되어야 한다. R&D의 5가지 속성은 R&D 목적, 적용 대상, R&D 목표, R&D 목표(기술) 수준, R&D 단계이다. 더구나 R&D 목표(기술) 수준은 수치적으로 명확하게 제시하도록 하고 있다.

세 번째, 과제명 및 부과제명 작성 시 의도적 모호성은 배제되어야 한다는 것이다. 이는 연구비를 쉽게 확보하기 위하여 의도적으로 연구 범위를 포괄적으로 제시한다거나, 과제명에 기술 수준이나 목표가 분명하게 드러나면 연구자 간 비교가 쉬워지므로 명확한 기준이나 목표를 제시하지 않는 등에 대한 내용이다.

네 번째, R&D 결과물과 기술적·직접적으로 연관성이 적은 용어와 화려한 미사여구 등은 사용을 삼가되, 구체적인 규격이나 범위 등을 함께 활용·작성하는 경우에는 사용이 가능하다. 이는 고부가가치, 차세대, 첨단, 녹색, 그린 등의 미사여구 사용을 지양하고, 구체적인 규격 등을 나타내는 경우 함께 사용할 수 있게 하는 것이다.

다섯 번째, 주제어 중심으로 60자, 20단어 이내로 작성한다. 너무 긴 제목은 명확성이 떨어지고 이해하기 어렵기 때문이다.

다음 표는 지식경제 R&D 과제명 작성 가이드라인에 기재된 내용으로 R&D의 5가지 속성을 고려한 작성 방법을 나타낸다.

R&D 5가지 속성을 고려한 과제명 작성 방법

속성	표현 방법	작성 방법	작성 사례(예시)
R&D 목적	'~을 위한'의 형태	R&D를 통해 해결하고자 하는 과학적·공학적·사회적 목적이나 파급 효과 등을 표현	• 6G bps 무선 멀티미디어 통신 서비스 제공을 위한 • Euro-6 배기가스 규제 대응을 위한 • IT 조명 통신 융합을 위한
적용 대상	'~용'의 형태 ※ 단, 특정국가 및 산업시장을 지칭하는 어휘는 사용 금지	R&D 결과의 1차 적용 대상이나 R&D 결과물이 적용될 시장·산업 분야 등을 구체적으로 표현	• 유무선 통합 중계기용 • 디젤 자동차용 • LED용
R&D 목표	주로 '~기술'의 형태	R&D를 통해 구현될 기술을 표현	• 트랜시버 원천기술 • 엔진 시스템 기술 • 가시광 RGB 선별 무선통신 기술
R&D 목표 수준	주로 '~급'의 형태	R&D 기술의 수준, 핵심 성능 및 사양 등을 정량적으로 표현	• 60GHz급 밀리미터파 기반 • 최고 효율 50% 이상 증가된 2L급 • 380~780나노미터
R&D 단계	기초, 응용, 개발 등 R&D 단계 표현, 명확한 R&D 단계 표시가 불가능한 경우, 전체 과제명으로 파악 가능하도록 작성		• 기초 단계 • 응용 단계 • 개발 단계

출처 : 지식경제부(2011년)

1) R&D의 5가지 속성을 적용한 과제명 보완 예시

• R&D 목적이 불명확(부재)한 경우

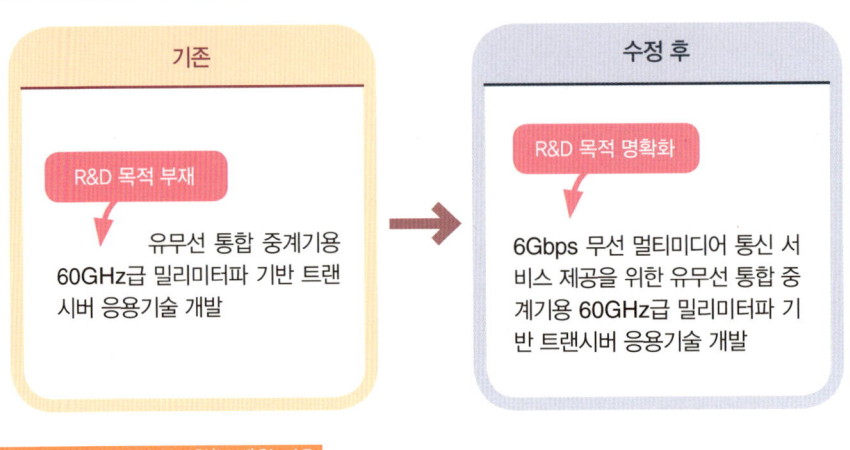

• R&D 적용 대상이 불명확(부재)한 경우

• R&D 목표·단계가 불명확(부재)한 경우

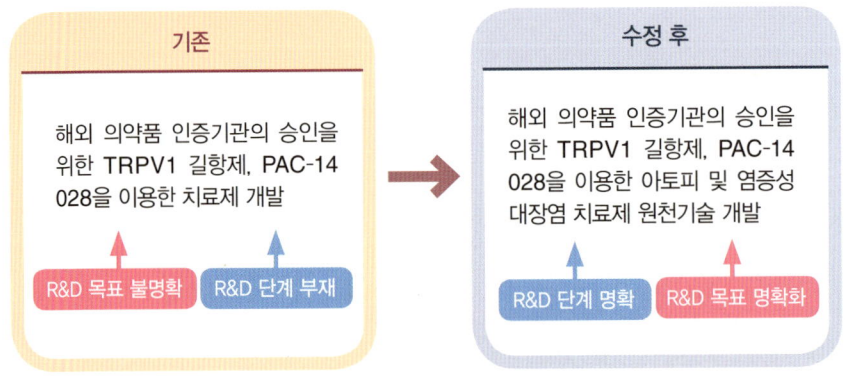

• R&D 목표(부재) 수준이 불명확(부재)한 경우

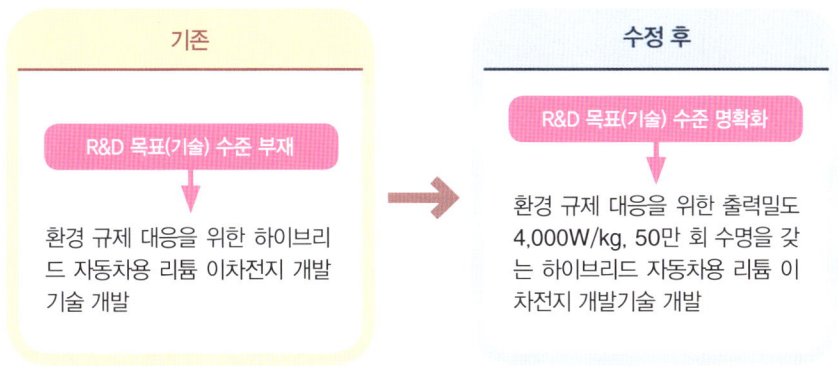

• R&D 목표(부재) 수준·단계가 불명확(부재)한 경우

출처 : 지식경제부(2011년)

2) 과제명 작성 가이드라인 적용 사례(예시)

구분	작성 사례
기초	• 해외 의약품 인증기관의 승인을 위한 TRPV1 길항제, PAC-14028을 이용한 아토피 및 염증성 대장염 치료제 기초 원천기술 개발 • 모바일 영상 서비스 제공을 위한 초경량(최고 ○○○g) 비디오 부호화 기초 원천기술 개발
응용	• 산업용 섬유로 활용 가능한 초고분자량 400만g/mol 이상의 폴리에틸렌 원료수지 및 공정 개발기술 개발 • 정면 전속도 충돌 평가에 대응한 승용차용 Front Under Body 모듈용 Al(알루미늄) 소재 응용기술 개발 • 6Gbps 무선 멀티미디어 통신 서비스 제공을 위한 유무선 통합 중계기용 60GHz급 밀리미터파 기반 트랜시버 응용기술 개발

구분	작성 사례
개발	• 환경 규제 대응을 위한 출력밀도 4,000W/kg, 50만 회 수명을 갖는 하이브리드 자동차용 리튬 이차전지 개발(생산)기술 개발 • 서비스 영역 가변과 위성자원 활용을 위한 Ka 대역 위성용 RF Switching 능동 위상배열 안테나 시스템 개발기술 개발

출처 : 지식경제부(2011년)

3) 과제명 작성 시 지양해야 할 표현과 올바른 표현 방법 예시

지양해야 할 표현	➡	올바른 표현 방법
미사여구 및 화려한 용어는 생략하거나 구체적인 표현(내용)으로 대체		
차세대	➡	5세대/ 6세대, 7,000cc급, 전기자동차 등
초경량	➡	0.001g의 초경량
고강도	➡	인장강도 60,000kpa 등
고부가가치	➡	12만 GT급 컨테이너선, 5천 명이 탑승할 수 있는 크루즈선
저진동·저소음	➡	1.5mm 진동, 45dB 소음
친환경	➡	$Cr6^+$이 없는, Cd이 없는(○○ 유해물질이 제거된/포함되지 않은 등)
저탄소	➡	CO_2 발생 20% 감소
신공정	➡	기존 공정 대비 20% 이상 생산성이 증가된
녹색산업	➡	신재생에너지(풍력 등) 산업
정밀화학 소재	➡	(플라스틱) 폴리아세탈수지 소재, 폴리실리콘 등 (완제품) 도료(방화도료, 선저도료 등) 계면활성제(음이온, 양이온, 중성 등) 등
녹색성장	➡	사용 삼가
미래형	➡	사용 삼가
감성형	➡	사용 삼가
첨단	➡	사용 삼가
녹색(그린)	➡	사용 삼가
정량적 표현으로 대체		
고효율	➡	(자동차 분야) 30km/l (에너지 분야) 300cal/g (에너지 관리 분야) 에너지 1등급, 에너지 효율 30% 이상 향상 등
고성능	➡	150W at 1,800RPM/220V
나노급	➡	1.5나노급, 20나노
대용량	➡	200G 용량
저전압·장수명	➡	20V, 10,000시간
초미세	➡	30나노미터
초정밀	➡	10^{-5}mm 오차 발생

고출력	➡	최대 출력 1,000마력 엔진
초대형	➡	15,000TEU, 10,000명이 탑승할 수 있는 크루즈선
중온, 고온	➡	100℃, 500℃ 등
저가격	➡	1,000원/kg
초고속	➡	60Gbps
초저전력	➡	0.1W at 220V, 1hr

출처 : 지식경제부(2011년)

4) 과제명 작성 시 올바른 표현 방법 예시

1 기존 과제명 차세대 차량용 경량 Al 새시 개발

차세대 → 생략
차량용 → '승용차용'으로 대체
경량 → '기존 철강 대비 내구성이 동등한 경량(○○kg)'으로 대체

☞ **보완 과제명** 선진국 연비 규정(14.7km/ℓ)에 대응한 승용차용 기존 철강 대비 내구성이 동등한 경량(○○kg) 알루미늄 새시 제품 기술 개발

2 기존 과제명 차세대 고부가가치 선박의 기자재 기반기술 개발

차세대 → 생략
고부가가치 → '15,000TEU급'으로 대체
선박 → '컨테이너선용'으로 대체
기자재 기반 → '구조·추진 시스템 설계'로 대체

☞ **보완 과제명** 기존 컨테이너선 규모 대비 연료 소모가 15% 이상 감소한 15,000TEU급 컨테이너선용 구조·추진 시스템 설계 및 응용기술 개발

3 기존 과제명 Cr(크롬) 도금 대체 친환경 컬러 표면개질 공정기술 개발

친환경 → 생략
표면개질 → '표면처리'로 대체

☞ **보완 과제명** 해외 선진국의 크롬 규제에 대응한 크롬이 없는 자동차용 ○○도금 표면처리 컬러 강판 제조 공정기술 개발

4 기존 과제명 차세대 고부가가치 선박의 저진동·저소음 기술 개발

차세대 → 생략
고부가가치 선박 → '크루즈선(5,000명 이상 탑승)'으로 대체
저진동·저소음 → '저진동(1.5mm)·저소음(45dB)'으로 대체

☞ **보완 과제명** 레저 이용자의 수요에 대응한 5,000명 이상 탑승 가능한 크루즈선 저진동 (1.5mm)·저소음(45dB) 원천기술 개발

5 기존 과제명 저탄소 녹색성장을 위한 중온 아스콘 개발과 온실가스 배출저감 연구

차세대 → 생략
중온 아스콘 개발과 온실가스 배출저감 연구 → '120~130℃에서 생산·시공이 가능'으로 대체

☞ 보완 과제명	120~130℃ 온도에서 CO_2 등 온실가스 배출량을 20% 이상 줄일 수 있는 생산·시공 가능 도로 포장기술 개발
6 기존 과제명	바이오 공정 부산물 고도 이용 녹색청정기반 공정기술
⬇	고도 → '2세대 바이오에탄올 생산'으로 대체 녹색 → 생략 청정기반 → '미생물 발효'로 대체
☞ 보완 과제명	셀룰로오스 등 농작물 찌꺼기를 원료로 한 석유 대체 미생물 발효 2세대 바이오에탄올 생산 제조 공정기술 개발

출처 : 지식경제부(2011년)

※ 1세대 바이오에탄올 : 미국과 브라질에서 생산하는 바이오에탄올로 옥수수, 사탕수수 등 농작물을 주원료로 사용하여 윤리 문제, 원료 작물의 대량생산을 위한 산림 벌채 등 지구온난화를 가속한다는 비난이 제기되었다.

2. 개요(개념 및 정의, 지원 필요성) 작성하기

과제명을 작성하였다면 이제 기술 개발 개요를 작성한다. 과제 개요는 과제를 기획하기 위한 기술에 관한 중요한 내용을 간추린 것으로, 과제의 개념 및 정의 그리고 지원 필요성에 대하여 작성한다.

개념 및 정의는 심사위원 또는 다른 사람이 기획서를 봤을 때 직관적으로 이해할 수 있도록 작성하며, 보통 4줄 정도로 작성하고, 개념도를 첨부하여 이해도를 높일 수 있도록 한다.

■ 기술 개발 개요

• 개념 및 정의

본 연구는 HTML5를 활용한 소셜네트워킹 서비스 기반의 e-Learning 인터페이스를 개발하는 것으로, 최근 차세대 웹 서비스 개발의 주요 기술로서 각광받고 있는 HTML5를 이용하여 e-Learning 서비스 플랫폼과 소셜네트워크를 연동할 수 있는 인터페이스를 개발하고, 이를 API화하는 것이다.

필요성은 제공하려는 연구개발의 필요성을 중심으로 연구개발의 현황과 필요성을 서술하며, 기술적·경제적·사회적으로 왜 필요한지 작성한다. 필요성을 작성할 때는 텍스트 위주로만 작성하는 것이 아니라 그림, 도표 등을 적절히 활용하여 작성하도록 한다.

■ **과제의 필요성**

- **기술적 필요성** : HTML5를 이용한 많은 웹 애플리케이션이 만들어지고 있지만, 데스크톱 환경에서는 아직 대중화되어 있지 않으며, 그 이유는 현재 브라우저 점유율에서 가장 큰 위치를 차지하고 있는 인터넷 익스플로러(6.0~8.0)가 아직 HTML5 지원이 미진하기 때문이다.

  ※ HTML5 웹 애플리케이션은 파이어폭스, 크롬, 사파리 같은 타 브라우저를 통해서만 확인이 가능하다.

- 하지만 모바일 환경에서는 아이폰과 안드로이드폰이 HTML5를 잘 지원하고 있는 웹키트(WebKit) 기반의 브라우저를 사용하여 대중화되고 있으며, 구글의 부사장인 빅 군도트라(Vic Gundotra)가 "모든 모바일 플랫폼용으로 앱을 만들어 지원하기에는 돈이 없다"라고 말한 것처럼 대부분의 IT 대기업은 HTML5에 집중하겠다고 발표하였고, 많은 앱 개발자들이 웹과 앱이 결합된 하이브리드 앱을 통하여 솔루션을 개발하고 있다.

- 국내에서도 2010년 6월 24일에 공지된 행정안전부 고시 '제2010-40호'를 통해 국민들이 다양한 모바일 기기를 사용할 수 있도록 '모바일 앱' 방식보다 '모바일 웹' 방식을 표준으로 권고하고, 모바일 웹 방식 서비스 개발을 위한 기술 표준 지침을 마련한다.

- **사회적·경제적 필요성** : 국내 e-Learning 기술은 현재 국가의 핵심기술로 선정되었으며, 일부 업체에서는 해외 수출을 하고 있지만, 기존의 e-Learning은 단방향적이고, 사용자 중심적이지 않은 문제점이 있었으며, 각각의 해당 콘텐츠에 대한 사용자의 실시간 반응을 반영하지 못하고 있다. 하지만 참여, 개방, 공유라는 웹 기술의 발달과 형식 위주의 학습 방법에서 비형식 위주의 학습 방법으로의 변화로 강사가 주도하던 기존의 학습에서 벗어나 친구나 동료와의 협력을 통해 학습하고, 특정 시간에 교실과 같은 한정된 공간에서 학습하지 않고 언제 어디서든 학습 콘텐츠를 접할 수 있는 환경으로 변화하고 있다.

- SNS는 온라인상에서 불특정 타인과 관계를 맺을 수 있고, 이용자들이 인맥을 새롭게 쌓거

나, 기존 인맥과의 관계를 강화한다. 전 세계적으로 SNS의 인기는 점점 높아지고 있으며, 미국 마이스페이스의 2007년 전 세계 순 방문자 수는 5월까지만 1억 954만 명에 달했고, 다른 SNS인 페이스북의 2007년 순 방문자 수는 4,721만 명으로 2006년 대비 235% 성장했으며, 국내에서는 싸이월드가 2003년 SK커뮤니케이션즈의 인수 이후 꾸준한 성장세를 보이고 있다.

- 따라서 급변하는 서비스 환경과 다양한 스마트 환경에서 e-Learning 서비스를 개발하려는 업체나 개발자들이 신속하게 대응할 수 있는 차세대 웹을 기반으로 하는 HTML5를 활용하고 소셜네트워킹 서비스를 제공하는 e-Learning 인터페이스가 필요하다.

※ 정부의 기술정책에 부합하는 전략 과제를 강조하기 위하여 부처에서 발행하는 동향보고서를 참조해야 한다.

다음은 미래창조과학부 산하기관인 정보통신기술진흥센터에서 발행한 '2016년 ICT 산업 10대 이슈' 보고서로 현재 이슈화되고 있는 기술과 함께 정부의 정책 등이 나아갈 바를 예측할 수 있어서 과제 기획을 한다고 한다면 이러한 정부 연구보고서를 참고해야 한다.

또한 기획하고 있는 연구 주제가 과제를 기획하는 부처 또는 정부의 기술 정책에 부합하는 전략 과제라는 것을 강조해야 하며, 전략 과제 연계에 따른 국가 지원 필요성이 적어도 높음 이상 되는 근거 자료를 제시해야 한다. 따라서 기술적 필요성 또는 사회적·경제적 필요성에 정부 정책에 대한 내용이 일부 포함되도록 작성한다.

본 기획 과제는 정부의 ICT 10대 이슈에 해당하는 기술 분야이며, 전략 과제로서의 연계가 매우 높아 정부의 지원이 반드시 필요한 과제이다.

전략과의 연계에 따른 국가 지원 필요성

| 낮음 | 보통 | 높음 | **매우 높음** |

기술 개발 개요의 몇 가지 사례를 살펴보면 다음과 같다.

> **무엇을 연구하는지 제시하지 않고, 필요성만 나열한 경우**
>
> • 「개인정보보호법」 시행에 따라 「정보통신망법」 등도 개정되고 있으며, 개인정보를 처리하는 공공기관, 사업자, 단체 등은 처리해야 할 조치는 많지만 정확히 무엇을 어떻게 해야 할지 혼선을 갖고 있는 상황이다.
>
> • 정보 시스템에서는 개인정보 보호를 위하여 데이터베이스 접근 제어 솔루션과 데이터베이스 암호화 솔루션 등을 사용하고 있지만, 이는 정보 시스템에 국한되어 있으며, 중앙 문서관리 시스템에서는 DRM 솔루션 등의 문서 암호화 방법만을 사용하고 있어 문서 내에 포함되어 있는 개인정보의 관리·취급을 위해서는 별도의 개인정보 보호 솔루션과 취급 방법 등에 대해서는 교육을 통한 개인정보 보호와 전자문서관리 시스템의 통합화가 요구된다.
>
> • 세계 각국은 현재 '스마트' 트렌드와 함께 저탄소 녹색성장, 비상대응체제 확립 등 사회 현안 해결 방안의 일환으로 '스마트 워크(Smart Work)'에 주목하고 있으며, 시간과 장소에 얽매이지 않고 언제, 어디서나 편리하게 근무함으로써 업무 효율성을 향상시킬 수 있지만, 이에 따른 관련 콘텐츠, 단말기, 네트워크, 데이터베이스 등의 보안 이슈를 해결해야 하

는 문제가 있다. 설계도면, 전략기획서, 영업정보 관련 문서 등 기업의 무형자산이 중요시되고 있지만, 로컬 PC에 저장된 문서의 90% 이상이 퇴사와 함께 사라지는 것으로 가트너(Gartner) 조사에서 확인할 수 있으며, 중소기업청 조사에서도 회사의 기밀정보 유출 가담자의 62%가 퇴직 사원이며, 현직 또는 협력사 직원에 의한 유출도 23%임을 확인할 수 있다. 상공회의소에 따르면, 국내 기업 5곳 중 한 곳은 회사의 기밀이 유출되어 피해를 입은 사례가 있고, 피해 기업의 기밀 유출 횟수도 3회에 달함을 확인할 수 있다.

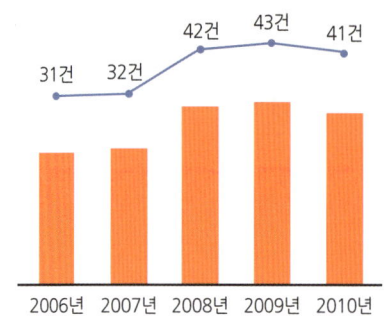

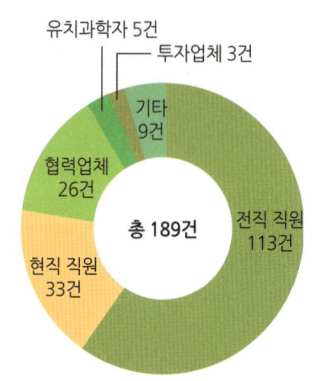

국가정보원 산업기밀보호센터

필요성을 지나치게 많이 작성하여
실제 개발하려는 것을 어필하지 못하는 경우

- HTML5 프로토콜에 의한 자동 스트리밍 서비스로 인한 서비스의 구현 방법은 쉬워졌지만, PC에서 URL을 통하여 다운로드하는 등 비즈 모델을 우회하는 저작권 침해 발생이 심각한 상황이다.
- 불법 스트리밍 서비스는 저작권이 있는 콘텐츠뿐만 아니라 음란물 등 유해 콘텐츠의 경우에 HTML5 프로토콜의 단순 서비스 구축을 통해 누구나 쉽게 구축하고 이용 가능하게 하여 심각한 상황이다.
- 2011년 11월 방송통신위원회에 따르면, 국내 스마트폰 이용자가 2000만 명을 넘어섰는데, 스마트폰 가입자 수가 지난 3월 말 1000만 명을 돌파한 이후 불과 9개월 만에 스마트폰 이용자 1000만 명이 새롭게 생겨난 것이다.

- 이런 현상은 일부에서 '스마트 혁명'이라 부를 정도로 스마트 기기의 보급이 빠르게 이루어지고 있는 상황으로 스마트 기기 이용자가 증가하면서 애플리케이션과 콘텐츠 이용을 둘러싼 저작권 침해가 새로운 현안으로 떠오르고 있다.
- 스마트 기기 관련 산업은 태동과 동시에 피해가 급증하고 있으며, 온라인·오프라인뿐만 아니라 스마트 기기를 통한 저작권 침해 등 새로운 침해 사례가 나타나고 있다. 이 같은 시장 환경은 양질의 콘텐츠를 창작한 저작권자가 정당한 대가를 누리지 못하게 할 뿐만 아니라, 저작권 이용자들이 양질의 콘텐츠와 서비스를 이용하기 어렵게 만들 수 있다. 기존의 컴퓨터(PC) 및 유선 환경과 달리 스마트 기기 환경에서의 저작권 침해 유형에 따른 대응 방안 연구가 전무한 실정이다.
- ○○○소프트(대표 ○○○)가 지난 2012년 9월부터 12월까지 스마트폰 유해물 차단 애플리케이션 '○○○ 모바일'을 통해 수집한 데이터를 분석한 결과, 자녀들이 유해물에 가장 많이 노출되는 경로는 모바일 앱으로 조사되었으며, 청소년에게 유해한 것으로 분류되는 앱은 도박 등 각종 사행성 앱이나 성인화보집, 성인만화, 성인소설, 성인업소 홍보 등의 선정성 앱이다.
- 따라서 본 연구에서는 스마트 환경에서 합법적인 서비스를 제공할 수 있는 과금기술과 불법 저작물, 음란물을 차단할 수 있는 솔루션을 개발하는 것이 목적이다.

3. 후보 과제 분석
(기술성 분석, 시장성 분석, 독창성 분석, 장애요인, 기술 개발의 성공 가능성)

후보 과제 분석에는 기획하고자 하는 기술에 관한 다양한 내용이 포함된다. 과제의 기술성 분석 내용, 기술이 위치하는 시장의 시장성 분석, 기술의 독창성 분석, 기술 개발 및 사업화의 장애요인과 기술 개발의 성공 가능성에 대하여 분석한다.

1) 기술성 분석

먼저 기술성을 분석하기 위해서는 관련 기술에 대한 동향을 분석해야 한다. 관련 기술 동향을 작성할 때는 관련 기술의 국내외 기술 개발 현황, 문제점 및 향후 전망을 객관적·구체적으로 서술해야 한다. 특히 저작권 문제로 인하여 특정 보고서나 논문 등을 인용한 경우에는 출처를 정확하게 명기해야 한다.

기술 현황 조사를 할 때 가장 어려운 것은 제안하는 연구 내용과 맞아떨어지는 내용이 없는 경우이다. 이때는 2가지 방법으로 조사하도록 한다.

하나는 상위기술을 조사하여 연관성을 찾는 것이고, 다른 하나는 유사기술 또는 대체기술을 조사하여 연관성을 찾는 것이다.

예를 들어, 문제은행 시스템에 대한 기술 현황을 조사해 본다. 이 경우, 문제은행과 관련된 연구나 기술 개발이 예전에 이루어져 최신 기술 개발 내용이 존재하지 않을 수 있다. 그럴 때는 문제은행 시스템이 e-Learning 분야에 해당하므로 e-Learning 분야의 기술 현황 조사를 하고, 조사 결과 현재 VR, AR 또는 모바일 기반 서비스 방식의 기술 개발이 이루어지는 것을 확인하여 이를 작성하면 된다.

문제은행 시스템에 대한 유사·대체기술 측면에서 본다면 문제은행 시스템은 시험 평가와 관련된 시스템으로 학습, 강의와 관련 있는 분야로 볼 수 있다. 최근 VR, AR 또는 모바일 기반의 강의 시스템에 대한 기술 개발이 이루어지는 것을 확인하여 이를 작성하면 된다.

문제은행 시스템이 속한 일반적인 기술 현황에 대한 내용을 조사하였다면, 이제는 좀 더 우리 과제와 연관시켜야 한다. 기획서를 작성할 때 단순히 국내외 현황만 나열하는 경우가 있는데, 이러한 경우 연관성을 찾기가 힘들어진다.

따라서 기술 현황을 작성할 때는 항상 본 과제 기획과 관련한 시사점을 도출하여 기술 현황과 연결시켜 줘야 한다.

시사점은 "기술 현황 1과 기술 현황 2를 조사한 결과, 현재 기술이 속한 분야에서는 제안하는 기획 과제의 연구가 핵심적으로 개발되어야만 하며, 기술 현황 1과 기술 현황 2에 관련한 연구의 핵심은 아니지만 주변기술, 즉 지원기술로서 기술 개발이 필요한 것으로 사료된다"라고 작성한다. 이외에 다른 표현을 이용하여 과제 기획과 관련된 시사점을 작성해 준다.

■ 국내 관련 기술 현황

• 기술 현황 1

- 국내에서는 2011년 3월 방송통신위원회에서 인터넷 이용 환경 개선 추진계획을 발표하였다. 여기에서 웹 표준 전문가 육성을 위한 웹 표준 전문 인증제도를 마련하였으며, 100대 사이트의 ActiveX 대체기술 적용과 HTML5 전환을 지원하는 내용과 웹 표준 우수 웹 사이트 및 웹 응용에 대한 포상을 추진, 웹 표준 준수의 다양한 모범 사례와 가이드라인을 개발·보급하였다.

- 현재 HTML5 지원 브라우저는 마이크로소프트사의 인터넷 익스플로러 9, 구글사의 크롬, 애플사의 사파리, 모질라의 파이어폭스 등이 있으며, 각 기능별 지원 현황은 다음과 같다.

HTML5 지원 브라우저 현황

기능	IE	크롬	파이어폭스	사파리	오페라
Canvas	O	O	O	O	O
Video	O	O	O	O	O
SVG	O	O	O	O	O
Geolocation	O	O	O	O	O
Web Socket	×	O	×	O	×
Web Worker	×	O	O	O	O
Web SQL	×	O	×	O	O

출처 : http://www.browserscope.org

• 기술 현황 2

- 증강현실 학습기술 : 광주과학기술원(GIST)에서 개발한 디지로그 북은 『범종』과 『홍길동전』 등과 같은 고전 소설책에 증강현실 기술을 이용하여, 책 속 주인공의 모습을 입체화하고, 생생한 음향까지 즐길 수 있는 새로운 개념의 전자책 기술을 개발하여 상용화를 준비 중이며, 한국전자통신연구원(ETRI)은 자체적으로 마커, 하이브리드, 마커리스 인식기술뿐만 아니라, 비전문가도 손쉽게 증강현실 콘텐츠를 제작할 수 있는 저작도구를 포함하는 실감형 학습 시스템을 위한 증강현실 솔루션을 구축하여 시범 서비스 중이다.

• 시사점

- 기술 현황 1과 기술 현황 2를 조사한 결과, 현재 e-Learning 분야에서 제안하는 기획 과

> 제의 연구가 활발히 진행되거나, 관련 내용을 지원하기 위한 기술 개발이 필요한 것으로 조사된다.

기술 개발 현황에 관한 내용을 작성한 사례를 살펴보면 크게 3가지의 잘못된 사례가 있다. 첫 번째는 근거 없이 주관적인 내용만을 작성하는 것이고, 두 번째는 기술에 대한 현황 조사 없이 단순히 시사점만 도출하는 경우이다. 세 번째는 기술 현황만 작성하고 시사점을 도출하지 않아 본 기획 내용과 연관성이 없어 보이는 사례이다.

각 사례를 살펴보면 다음과 같다.

근거 없이 주관적인 내용만을 작성하는 경우

■ 보안 제품 현황
- 중소기업의 경우, 일반 제조 업체부터 인터넷 서비스 업체까지 거의 모든 업체가 사내 및 서버의 보안을 위하여 방화벽 시스템을 도입·활용하고 있으나, 대부분 장비가 노후하거나 전담 관리자의 인식 부족으로 체계적인 보안이 이루어지지 않고 있으며, 이에 따라 네트워크 보안에 대해 통합된 관리와 능동적인 보안관리가 필요하다. 특히, 영세한 소규모 업체의 경우 대부분 인터넷 공유기 등의 단순한 공유 장비만을 갖춘 곳이 많기 때문에 내부 네트워크의 보안이 대단히 취약한 상태이다.

■ 통합위협관리(UTM) 시스템 현황
- 시큐아이, 어울림, 퓨쳐 시스템 등의 3개 업체가 시장의 50%를 장악한다.
- 구성은 대부분 비슷하고 방화벽+IPS+VPN 구조에 스팸필터는 선택사항이다.
- CC 인증이 있는 제품과 없는 제품으로 시장을 구분한다.
- 보안적 특성상 기능의 완벽한 구현과 안정성이 매우 중요하다.
- 대부분 리눅스(Linux) 운영체제 기반이다.
- 방화벽은 리눅스의 패킷필터 드라이버를 사용하는 경우가 많다.
- 리눅스 기반 제품은 커널단 암호화 지원이 약하여 VPN이 취약하다.

기술 현황 내용 없이 시사점만 도출하는 경우

■ 레토르트 영양 케이크 떡

- 실온에서 6개월까지 유통 가능하다.
- 기존 떡의 단점이 그대로 남아 있다.
- 떡의 끈적이는 질감이 그대로 남아 있다.
- 칼로리와 탄수화물 함량이 높고 단백질과 식이섬유의 함량이 낮다.
- 균일한 해동의 어려움이 있다.
- 떡의 면적이 넓어 전자레인지로 2분 해동 시 가장자리는 해동되나 중간 부분까지 해동되지 않는다.
- 섭취 시 불편하다.
- 햇반 타입의 포장 방법으로 전자레인지로 해동 시 덩어리 형태로 풀처럼 늘어져서 섭취하기 불편하고, 포장 단위가 150g으로 1회 섭취량으로는 많다.

기술 현황만 있고 시사점을 도출하지 못한 경우

■ Highspeed Parallel Data I/O & Compression Technology(Ncerti)

- 백업 및 복구 속도를 혁신적으로 향상시켜 데이터 백업 자원의 소요 비용을 대폭 감소시켜 주는 기술이다.

■ De-duplication Technology(EMC Datadomain)

- 가변적인 Segment 사이즈 결정기술을 통해 데이터 중복 제거율을 높이고, 스트림 위주의 구성으로 CPU 및 캐시에서 중복 제거를 수행함으로써 디스크 기반의 파일 시스템 구조에 비해 디스크 의존도가 거의 없어 디스크 수량에 관계없이 빠른 퍼포먼스가 안정적으로 제공되는 기술이다.

■ Synchronous Mirrored Disk(Falconstore IPstor)

- 이 기종 스토리지를 하나의 풀로 적용하여 애플리케이션 서버의 데이터를 논리적인 각 스토리지의 볼륨에 저장, 장애 발생 시 중단 없는 스토리지 서비스를 제공한다.

기술적 중요도는 기술의 필요성 및 기술 개발 효과 내용을 바탕으로 작성하며, 기술 개발이 정말 중요하다는 것을 기술적·사회경제적으로 작성하도록 한다.

> ■ 국외 관련 기술의 기술적 중요도
> - 소셜네트워크 환경에서의 사용자별 맞춤학습 애플리케이션과 서비스 시스템의 제공은 디바이스의 독립적인 서비스를 제공하여 동일한 콘텐츠로 언제, 어디서나 제공하는 효과가 있다.
> - 사용자 측면에서는 일방적인 문제 정보와 해답 정보를 제공받고 학습하여 자신의 학습 수준과 진도 수준이 고려되지 않은 단방향 서비스를 Web 2.0 시대에 걸맞게 학습자 측면을 고려하여 문제 수준, 진도, 연습 풀이 수준, 오답에 대한 이해도를 고려한 기출문제를 제공할 수 있도록 데이터베이스의 인덱스를 다양하게 구축한다.

기술적 파급 효과는 기술 개발을 통하여 기술적 측면, 사회경제적 측면에서 파급되는 효과를 작성하며, 주로 기술적·사회경제적 필요성과 기대 효과 내용을 각색하여 작성하면 된다.

> ■ 국외 관련 기술의 파급 효과
> - 본 기술이 개발되면, 스마트폰 및 전자책 시장의 급성장이 예상되는 시점에서 웹상에서 제공되는 학습 콘텐츠를 전자책 콘텐츠로 제공하여 차세대 지식 서비스 산업에 활용 가능하다.
> - 양방향 서비스를 지속적으로 개선하여 전자책 연동 전자노트 시스템, 다국어 버전 시스템으로 업그레이드하여 재외동포 수험생 등 해외시장까지 진출하고자 한다.
> - 학교 수업 및 학원 수강 내용을 복습할 경우, 대학수학능력시험 유형과 문제 난이도를 고려하여 적절한 관련 문제를 제공하는 동시에 반복적으로 오답을 도출하는 문제 유형을 분석하여 학습 훈련을 지원하고 정답률을 개선하는 양방향 학습 향상 훈련 서비스에 부가적으로 적용 가능하다.
> - 또한 개방형 환경에서의 사용자별 맞춤학습 시스템은 스마트폰 및 IPTV 콘텐츠 서비스의 다양화를 가져올 수 있다.
> - 스마트폰 시장 및 개방형 플랫폼 시장이 확대됨에 따라 동일한 학습 콘텐츠를 여러 플랫폼에 동일하게 적용하여 콘텐츠 제작비용 절감과 이에 따른 재투자로 인한 콘텐츠 서비스의 다양화를 통하여 시장 및 산업에 적극적인 대응이 가능하다

기술 성숙도 및 TRL상 5단계 이상 되는 경우, 실제 R&D 기획 과제로 선정되기 어렵다는 것을 반드시 인지해야 한다.

5단계 이후인 6단계부터는 파일럿 규모 시작품 제작 및 성능 평가(6단계), 신뢰성 평가 및 수요 기업 평가(7단계), 시제품 인증 및 표준화(8단계), 사업화(9단계)로 간다.

따라서 어떻게 해서든 기획 과제의 내용이 TRL 5단계 이상이 되지 않도록 작성해야 한다.

■ 기술 성숙도 및 TRL

- 문제은행 기술은 TRL 2~5단계로 3년의 기간을 통한 연구 진행이 필요하다. 본 기술과 관련해서 기존 기술들은 맞춤형 서비스가 부족할 뿐만 아니라, 개방형 플랫폼의 특성을 반영하지 못하는 단점이 있다. 따라서 본 과제를 통한 원천기술 확보 과정이 중요할 것으로 보인다.
  - 현재 본 기술은 교육시장의 빠른 성장과 함께 국내외적으로 연구가 시작되는 초기 단계에 있으므로 본 과제 추진을 통한 원천기술 확보 및 기술 성숙의 과정이 시급하다고 판단된다.
  - 해당 기술과 관련한 상용화된 기술이 없으며, 후보 과제를 통한 기술 및 특허를 이용해 차후 선진국보다 앞선 수준의 선제적인 연구 기반의 제품화 추진이 요구된다.

기술성 분석에 따른 판단

기술적 중요도

낮음	보통	높음	**매우 높음**

※ 상위 기술이 적절한 기능을 수행하게 하는 데 이 기술의 중요한 정도

기술적 파급 효과

낮음	보통	**높음**	매우 높음

※ 이 기술이 다수의 타 요소 기술의 개발에 미치는 영향력

기술 성숙도

도입기	성장기	성숙기	쇠퇴기

※ 주요 기술 개발의 성숙 정도

TRL 단계							
1단계	2단계	3단계	4단계	5단계	6단계	7단계	8단계

후보 과제의 기술 수준 분석은 현재 기획하고 있는 기술의 해외 기술과의 상대 수준, 기술 격차에 대한 내용으로서 과제 기획 시에 정부에서 발행하는 기술 수준 평가자료를 인용한다.

기술 수준 평가는 국제 비교를 통해 우리나라 국가 중요 기술 수준을 진단하고, 과학기술시책수립에 필요한 기초자료를 제공하기 위해 수행하는 것으로 「과학기술기본법」제14조제2항 및 「과학기술기본법 시행령」제24조제2항에 의거하여 2년마다 기술 수준 평가를 수행한다.

※ 정부에서는 한국과학기술원을 통하여 통합적인 기술 수준 평가보고서를 발행하고 있으며, 일부 부처에서는 각 분야별 기술 수준 평가보고서를 발행하기도 한다.

여기서도 마찬가지이다. 만약 해당하는 기술 수준 평가 내용이 없을 경우, 좀 더 상위개념의 기술 분야를 찾거나 대체 또는 유사기술 분야를 찾아서 인용하도록 한다.

※ 기술 수준 평가 관련 법적 근거
- 「과학기술기본법」제14조제2항 : 정부는 과학기술의 발전을 촉진하기 위하여 국가적으로 중요한 핵심기술에 대한 기술수준을 평가하고 해당 기술수준의 향상을 위한 시책을 세우고 추진하여야 한다.
- 「과학기술기본법 시행령」제24조(기술수준평가)제2항 : 미래창조과학부장관은 법 제14조제2항에 따라 관계 중앙행정기관의 장과의 협의를 거쳐 소관 분야에 대한 기술수준평가를 2년마다 실시하여야 하고, 그 결과를 심의회에 보고하여야 한다.

그러면 '기술 수준 분석에 따른 유리한 상대 수준과 기술 격차는 무엇일까?'

하는 의문이 든다. 이 경우는 기술적·사회경제적 분위기를 파악하면서 설정해야 할 것이다.

예를 들어, 기술 수준이 상대국 수준 90% 이상일 경우 2가지 관점이 있을 수 있다. 하나는 90% 이상이면 충분히 정부 지원 없이 스스로 100%까지 기술 수준을 올릴 수 있을 것이라고 판단할 것이고, 다른 하나는 90% 이상이면 조금 더 노력하여 세계 최고의 기술 수준을 보유하기 위하여 지원하는 경우가 될 것이다.

70~80%의 경우도 마찬가지로 2가지 경우가 있을 수 있다. 하나는 조금만 더 노력하면 선진국과 동등한 기술 수준을 보유할 수 있으므로 지원해 주어야 한다는 것이고, 다른 하나는 70~80%라는 경쟁력이 그렇게 크지 않기 때문에 지원하는 않는 경우이다.

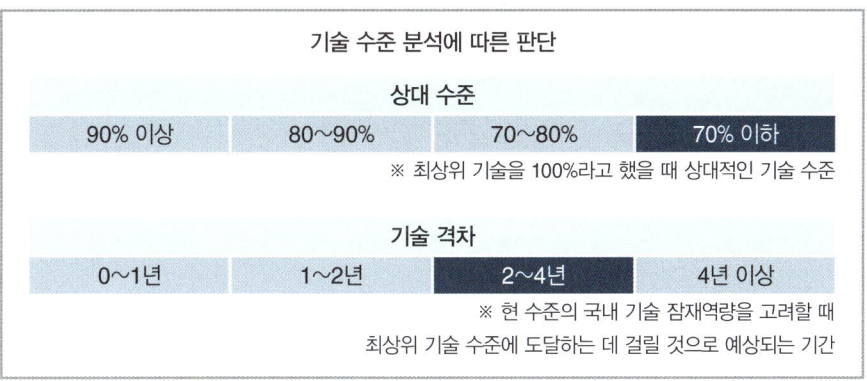

다음은 한국과학기술기획평가원에서 발행한 「2015년 기술 수준 평가 보고서 KIST & P」의 한 부분이다.

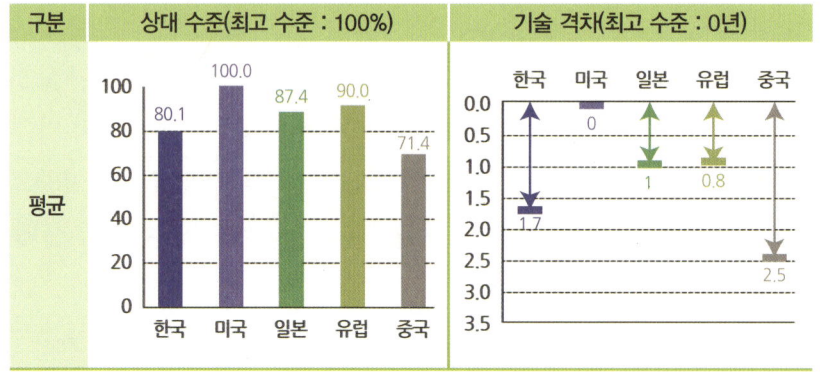

정보통신사업 기술 분야별 기술 수준 및 격차 기간

(단위 : %, 년)

번호	기술 분야	기술 수준					격차 기간				
		한국	미국	일본	유럽	중국	한국	미국	일본	유럽	중국
1	창조융합	75.7	100.0	90.9	95.7	67.4	2.4	0.0	0.9	0.5	3.1
2	이동통신	88.7	100.0	90.4	92.4	77.3	0.8	0.0	0.7	0.5	1.7
3	네트워크	81.6	100.0	87.3	88.6	72.0	1.4	0.0	1.0	0.9	2.4
4	기반 SW·컴퓨팅	76.9	100.0	82.3	85.5	69.7	1.7	0.0	1.3	1.1	2.5
5	융합 SW	78.6	100.0	83.4	87.1	70.5	1.7	0.0	1.4	1.1	2.5
6	스마트 서비스	84.2	100.0	87.5	87.6	72.5	1.2	0.0	0.9	0.9	2.3
7	전파·위성	76.7	100.0	88.8	94.1	73.0	2.3	0.0	1.0	0.5	2.4
8	방송	79.6	100.0	92.4	93.3	69.1	1.6	0.0	0.5	0.4	2.6
9	디지털 콘텐츠	81.0	100.0	87.4	87.1	70.0	1.7	0.0	1.2	1.2	2.9
10	정보보호	78.3	100.0	83.7	89.5	72.1	1.8	0.0	1.4	0.9	2.4

「2015년 기술 수준 평가 보고서 KIST & P」 중

정보통신기술진흥센터에서도 2016년 2월에 「2015년도 ICT 기술 수준 조사 보고서 IITP」를 발행하였다. 조사는 10대 기술 분야, 41개 중분류, 170개의

소분류 기술을 대상으로 이루어졌다. 따라서 ICT 소프트웨어 기업의 경우 한국과학기술기획평가원과 정보통신기술진흥센터의 자료를 이용하여 해당하는 기술수준을 참고할 수 있다.

- 조사 대상 : 10대 기술 분야, 41개 중분류, 170개 소분류 기술 대상

기술 분야	중분류 수	소분류 수
융합서비스	5	27
이동통신	3	7
네트워크	3	13
전파·위성	4	18
방송·스마트미디어	4	14
기반 SW·컴퓨팅	6	22
SW	3	14
디지털 콘텐츠	4	16
정보보호	6	28
ICT 디바이스	3	11
총합계	41	170

- 조사 방법론

    - 기술 수준 정량화 방법 : 기술 수준의 객관성 확보 및 효율적 추진을 위해 Gordon의 정량화 모형(Scoring Model) 사용

    ※ 정량화 사유 : 정량화를 통해 기술 수준 평가자의 주관을 최소화하기 때문에 상위계층의 객관적 기술 수준 도출이 가능(상위 기술 수준의 객관성 확보)

    ※ Gordon 모형의 장점 : 하위기술에 대한 단 한번의 기술 수준 평가만으로 모든 상위계층의 기술 수준 도출이 가능(효율적인 기술 수준 조사 가능)

[참고] Gordon의 Scoring Model

Gordon모델은 주어진 개별 지표들을 복합화된 하나의 지표로 나타내는 유용한 방법으로, 대안의 가치가 한 가지 특성보다 여러 특성의 조합에 달려 있을 때 적용

$$M_i = 100 \frac{C_1}{C^*} [K_1 \frac{X_{1i}}{X_1^*} + K_2 \frac{X_{2i}}{X_2^*} + \cdots + K_N \frac{X_{Ni}}{X_N^*}]$$

> M_i : i번째 제품의 종합적인 기술 수준 C : 상수값(보통 1)
> K_N : N번째 요인의 가중치 N : 모형에 포함된 요인의 수
> X_N^* : N번째 요인의 기준값 X_{Ni} : N번째 요인의 특정시점(비교시점의 값)
>
> 「2015 ICT 기술 수준 조사 보고서 IITP」중

2) 시장성 분석

시장성은 관련 시장의 동향과 시장 규모 및 성장률 예측에 대해 작성한다. 기획할 때 어려운 것은 참조할 자료는 많은데 앞서 설명했듯이 기획하고자 하는 분야와 딱 맞아떨어지는 자료를 찾기 어렵다는 점이다. 그래서 이 항목을 어려워하여 빈칸으로 두거나 관련 없는 내용으로 작성할 수 있다.

하지만 이 경우도 앞서 기술 현황과 마찬가지로 좀 더 상위기술 분야의 시장 현황, 대체 및 유사연구 분야의 시장 조사 내용을 이용하여 작성할 수 있다.

일반적으로 시장 조사 보고서는 증권사의 애뉴얼 리포트나 공공기관의 시장 조사 보고서 등을 참조하여 작성할 수 있다. 하지만 이러한 내용이 없는 경우는 본인이 직접 조사하여 작성해야 한다.

예를 들어, 자동차나 공장에 들어가는 밸브를 만드는 중소기업이 있다고 할 경우, 다행히 경쟁사의 애뉴얼 리포트가 있어서 이 보고서를 이용할 수 있다.

하지만 위와 같은 자료가 없는 경우, 자동차 엔진에 대한 보고서는 있는데 밸브에 대한 보고서는 존재하지 않을 수 있다.

이럴 때는 엔진을 구성하는 부품에 대한 %를 조사하고, 이를 전체 엔진시장에 적용하여 해당 밸브의 시장을 찾아볼 수 있다.

IDC, 가트너 등의 자료를 보면 세계시장 규모, 국내시장 규모 등을 조사한 최신 자료가 많으니 이를 활용하여 작성한다. 작성할 때는 항상 최신 자료를 조사하여 작성해야 한다.

산출 근거는 객관성을 위하여 참고한 자료의 출처를 명확히 하여 작성한다. 본 자료는 이러한 자료를 참고하여 작성한다는 것을 보여 주는 예시이기 때문에 실제로 다음 참고 자료를 시장 조사의 근거 자료로 이용하면 안 된다.

국내외 e-Learning 시장 규모

구분	현재의 시장 규모(2010년)	예상 시장 규모(2015년)
세계시장 규모	514억 4,200만 달러(추정)	882억 9,200만 달러(추정)
국내시장 규모	2조 2,458억 원(집계)	2조 8,662억 원(추정)
산출 근거	한국콘텐츠진흥원, 2010 해외 콘텐츠 시장 조사(지식정보콘텐츠)(2010. 12. 31.) 정보통신산업진흥원, 2010 e-Learning 산업 실태 조사(2011. 3. 29.)	

- 세계 e-Learning 시장을 권역별로 살펴보면 2010년 514억 4,200만 달러로 전년 대비 약 16.7% 성장한 것으로 나타나며, e-Learning 시장의 성장률이 다른 부문에 비하여 특히 높게 나타나는 것은 통계가 없거나 극히 적어서 과거 추정이 불가능하였던 시장이 다수 추가됨에 따라 나타난 현상으로 추정된다.
- 향후 성장률은 점차 감소할 것으로 예상된다. 향후 5년간 연평균 11.4% 성장하여 2015년에는 약 882억 달러 규모로 성장할 것으로 예측된다. 특히 모바일 시장의 경우, 향후 5년간 연평균 약 20.7% 성장하여 2015년 약 92억 달러 규모로 성장할 것으로 예측된다.

e-Learning 시장 권역별 규모 및 전망(2005~2015년)

(단위 : 백만 달러)

구분	2005	2006	2007	2008	2009	2010	2011	2012	2013	2014	2015	2010~2015 CAGR
전체	16,043	23,028	29,501	36,702	44,072	51,442	58,812	66,182	73,552	80,922	88,292	11.4%
북미권	3,953	5,485	7,064	8,511	10,120	11,742	13,276	14,823	16,364	17,889	19,790	11.0%
유럽권	6,987	10,011	12,719	15,647	18,708	21,674	24,692	27,705	30,693	33,697	36,807	11.2%
아시아권	4,122	6,071	7,798	10,079	12,254	14,505	16,773	19,019	21,279	23,522	25,144	11.6%
오세아니아권	281	410	513	646	783	917	1,057	1,201	1,351	1,510	1,706	13.2%
중남미권	409	617	820	1,062	1,303	1,551	1,802	2,064	2,331	2,601	2,935	13.6%
중동아프리카권	293	434	587	756	904	1,053	1,212	1,370	1,535	1,703	1,910	12.6%
전년 대비 성장률		43.5%	28.1%	24.4%	20.1%	16.7%	14.3%	12.5%	11.1%	10.0%	9.1%	
모바일 시장	802	1,151	1,475	1,835	2,204	3,601	4,787	5,705	5,884	7,283	9,227	20.7%

출처 : eMarketer, 2009; Informa, 2009; GIA, 2010

- 국내 e-Learning 사업자의 2010년 총 매출액은 2조 2,458억 원으로 집계되었으며, 2009년 e-Learning 매출액 2조 9백억 원 대비 7.4% 증가해 전년 대비 다소 주춤하였으나 꾸준한 성장세를 이어 갔음을 확인할 수 있다. 2010년 시장 규모를 기준으로 향후 e-Learning 시장 전망에 대해 모든 사업 분야에서 긍정적인 응답이 있었으며, 콘텐츠 사업의 성장에 대

한 낙관 전망률이 52.9%로 가장 높게 응답되었다.

국내 e-Learning 시장 규모 추이

(단위 : 백만 원, %)

연도	시장 규모	전년 대비 증가액	전년 대비 성장률
2003	1,077,041	–	–
2004	1,298,484	221,443	20.6
2005	1,470,817	175,333	13.3
2006	1,617,797	146,980	10.0
2007	1,727,057	109,230	6.8
2008	1,870,475	143,418	8.3
2009	2,091,033	220,558	11.8
2010	2,245,833	154,800	7.4

출처 : 정보통신산업진흥원, 2010 e-Learning 산업 실태조사(2011. 3. 29.)

국내외 주요 시장 경쟁사를 작성할 때는 본 기술·제품과 직접적 경쟁관계에 있는 국내외 기관·기업의 제품 등을 기입해야 한다.

어떤 회사에서는 스타트업 또는 소규모의 중소기업이면서 경쟁사를 구글, 애플, 삼성전자 등의 대기업 또는 재벌 회사로 작성하기도 하는데, 이러한 경우는 지양해야 한다.

또 다른 어려움은 제품의 판매 가격, 연 판매액은 어떻게 작성해야 하는가 이다. 일반 소비자를 대상으로 하는 제품은 제품 가격을 알 수 있지만, 기업을 대상으로 하는 B2B 제품은 가격을 알기가 힘들다. 이럴 때는 해당 제품의 견적 가격 등을 조사하여 판매 가격을 결정한다. 연 판매액의 경우, 일반적인 추정치를 사용한다. 실제적으로 연 판매액에 대한 정확한 수치는 파악하기 어렵기 때문에 해당 업체의 재무제표 등에 기입된 매출액을 기반으로 하여 판매액을 추정한다.

경쟁사명	제품명	판매 가격(천 원)	연 판매액(천 원)
(주)궁것질 커뮤니케이션	궁금한 것 질문하기	1개월(50) 질문 10회 이용(20)	1,200,000

경쟁사명	제품명	판매 가격(천 원)	연 판매액(천 원)
(주)워터베어 소프트	잉글리시 리스타트 시리즈, 모질게 듣기만 시리즈, 요럴 땐 영어로 뭐라고?(영어, 일본어, 중국어 어학 앱)	앱 스토어($1.99)	1,000,000
포도트리	Who?-세계인물학습만화, 슈퍼 0.99 영단어 3만, 큐브 독, 오즈의 마법사(전자책 및 교육용 앱)	앱 스토어(무료) 앱 자체 구매(50)	700,000

시장 성숙도를 작성할 때는 도입기나 성장기여야 하며, 성숙기나 쇠퇴기로 접어든 기술은 지양해야 한다.

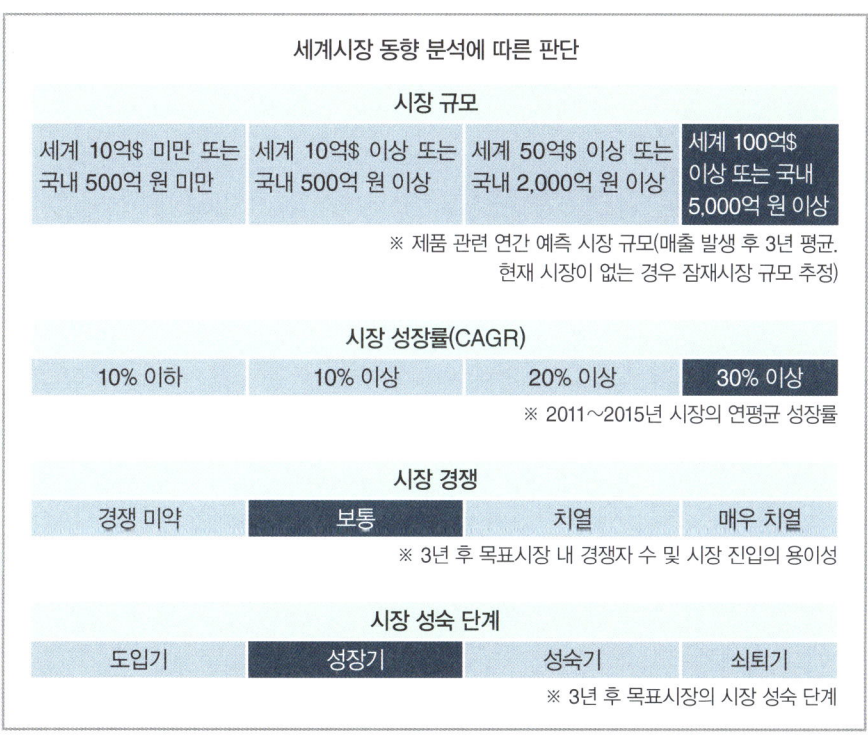

사업화 소요 기간과 경제적 수명 예측은 업계의 평균적인 수치를 사용하며, 각 기술별 특성에 따라서 사업화 소요 기간과 경제적 수명 예측치를 단축하거나 증가시킬 수 있는 내용이 있다면 이를 바탕으로 작성해 주면 된다. 실제 사

업화는 기업의 사업화 역량에 많이 좌우되기 때문이다.

기술 사업화 성공 가능성은 기술성, 시장성, 기업의 사업화 역량을 보고 판단한다. 기술 가치 평가 실무 가이드나 각종 사업화 진단 및 평가 모델에서도 평가체계는 대·중·소 항목으로 이루어지며, 기술 사업화 점수는 대·중·소 항목의 단계적인 가중합산으로 계산된다.

실제 기획평가위원이 되면 기획 과제의 경제성과 특허에 대한 기술은 외주용역을 통해 수행되는 경우가 많기 때문에 이를 잘 활용하여 기획서에 반영하면 된다.

기술의 경제적 수명은 업계의 평균적인 수치를 이용하며, 2014년에 발행된 산업통상자원부의 「기술가치 평가 실무 가이드」에서는 경제적 수명을 산출할 때 특허인용수명 지수를 이용한다.

기술가치 평가에서 수익접근법을 사용하고자 할 경우 기술의 경제적 수명을 파악하는 것이 필수적인데, 이는 특정기술 자산을 이용한 사업이 기술적 우위에 기반을 두고 경쟁우위를 확보할 수 있는 기간을 의미한다. 기술의 경제적 수명은 기술자산의 법적 보호 기간이나 내용 연수와는 다른 개념이며, 기술 자체의 수명뿐만 아니라 기술이 사용되는 제반 환경적 요인을 고려하여 결정되어야 함을 명심해야 한다.

※ 국제특허분류(IPC : International Patent Classification) 코드 : 스트라스부르 협정에 의하여 마련된 특허나 실용신안에 대한 통일된 분류체계이다. 산업재산권 분야에서 더욱 긴밀한 국제적 협력을 확인하고 이 분야에서 각국의 법령을 조화시키는 데 기여할 목적으로 채택되었다. 우리나라 특허청은 1948년부터 1979년까지는 일본특허분류를 참고한 한국특허분류(KPC : Korean Patent classification)를 사용해 오다가 1980년부터 국제특허분류 제3판을 도입하여 사용하기 시작하였다. 2015년 기준으로 우리나라를 비롯한 100여 개국이 IPC 제7판을 사용하고 있다.

출처 : 『지식재산능력시험』(한국발명진흥회 지음, 박문각, 2015)

IPC 코드	내용(한글)	내용(영문)
A섹션	생활필수품	Human Necessities
B섹션	처리조작, 운수	Performing Operations, Transporting
C섹션	화학, 야금	Chemistry, Metallurgy
D섹션	섬유, 지류	Textiles, Paper
E섹션	고정구조물	Fixed Constructions
F섹션	기계공학, 조명, 가열, 무기, 폭파	Mechanical Engineering, Lighting, Heating, Weapons, Blasting
G섹션	물리학	Physics
H섹션	전기	Electricity

출처 : 특허청

따라서 ICT 기술은 특허인용수명 지수로 기술의 경제적 수명 주기를 대략적으로 예측할 수 있으며, 전기전자는 ICT 분류상 H섹션에 해당하므로 ICT 기술의 경우 섹션의 내용을 참고하면 된다.

※ 특허인용수명(CLT : Cited Patent Life-Time) 지수 : 특허인용수명 지수는 후방인용(Backward Citation)에 기반한 특허인용수명의 평균, Q1, Q2(중앙값), Q3에 대한 통곗값을 제시한다. 특히 이와 같이 산출된 Q2는 TCT(Technology Cycle Time, 기술순환주기 또는 기술수명주기)라고 부른다.

특허인용수명 지수

H섹션(전기, Electricity)

IPC	내용	평균	Q1	중앙값	Q3
H01B	케이블; 도체; 절연제; 도선성, 절연성 또는 유선성 특성에 대한 재료의 선택	11.37	4	8	16
H01C	저항기	11.02	4	9	16
H01F	자석; 인덕턴스; 변성기; 자기 특성을 위한 재료의 선택	10.79	4	8	15
H01G	콘덴서; 전해용 콘덴서, 정류기, 검파기, 개폐장치, 감광장치 또는 감온장치	9.55	4	7	12
H01H	전기적 스위치; 계전기; 셀렉터; 비상보호장치	11.35	4	9	16
H01J	전자관 또는 방전램프	9.16	4	7	12
H01K	백열램프	10.57	4	8	14
H01L	반도체 장치; 다른 곳에 속하지 않는 전기적 고체 장치	7.29	4	6	9
H01M	화학적 에너지; 전기적 에너지, 직접 변환하기 위한 방법 또는 수단	10.06	5	8	13

IPC	내용	평균	Q1	중앙값	Q3
H01P	도파관; 도파관형의 공진기, 선로 또는 기타 장치	10.69	4	8	15
H01Q	공중선	9.66	4	7	12
H01R	도전접속; 복수의 다중-절연된 전기접속부의 구조적 결합; 결합장치; 집전장치	10.16	4	7	14
H01S	유도방출을 이용한 장치	8.04	4	6	11
H01T	스파크 갭; 스파크 갭을 사용한 과전압피뢰기; 스파크 플러그; 코로나 장치; 비밀 폐가스로의 이온 발생	10.77	4	8	14
H02B	전력의 공급 또는 배치 또는 배전을 위한 반, 변전소, 또는 개폐장치	12.30	4	9	18
H02G	전기 케이블 또는 전선, 또는 광 및 전기 케이블 또는 전선의 결합체 설치	12.30	4	9	18
H02H	비상보호회로장치	9.52	4	7	13
H02J	전력급전 또는 전력배전을 위한 방식; 전기에너지를 축적하기 위한 방식	9.11	4	7	12
H02K	발전-전기 기계	11.68	5	8	16
H02M	교류-교류, 교류-직류 또는 직류-직류 변환장치 및 주요한 또는 유사한 전력 공급장치와 함께 사용하기 위한 장치; 직류 또는 교류 입력의 서지 출력 변환; 그것을 제어 또는 조정	8.25	3	6	11
H02N	타류에 속하지 않는 전기	6.88	3	5	8
H02P	전동기, 발전기, 회전변환기의 제어 또는 조정; 변압기 또는 리액터 또는 초크코일의 제어	8.96	4	7	12
H03B	진동의 발생, 직접 또는 주파수 변조에 의한 진동의 발생, 스위칭 동작을 하지 않는 능동소자를 사용한 회로에 의한 진동의 발생; 이와 같은 회로에 의한 잡음의 발생	7.88	3	6	10
H03C	변조	8.19	3	6	11
H03D	하나의 반송파로부터 타 반송파에의 복조 또는 변조의 변환	7.67	3	6	10
H03F	증폭기	8.37	3	6	11
H03G	증폭기의 제어	8.64	4	7	12
H03H	임피던스회로망	7.77	3	5	9
H03J	동조공진회로; 선택공진회로	5.90	3	4	7
H03K	펄스 기술	7.17	3	6	10
H03L	전자적 진동 또는 펄스발생기의 자동제어, 기동, 동기 또는 안정화	5.98	3	5	8
H03M	복호화 또는 부호변환 일반	6.32	3	5	9
H04B	전송	7.82	4	6	10
H04H	방송통신	8.24	3	6	11

IPC	내용	평균	Q1	중앙값	Q3
H04J	다중통신	7.76	4	6	10
H04K	비밀통신; 통신 방해	7.31	4	6	9
H04L	디지털 정보의 전송	6.94	4	6	9
H04M	전화통신	8.22	4	7	11
H04N	화상통신	8.82	4	7	11
H04Q	선택	5.70	3	5	7
H04R	확성기, 마이크로폰, 축음기 픽업 또는 유사한 음향전기계변환기; 보청기; 방성장치	11.53	5	9	15
H04S	스테레오 시스템	7.64	3	5	9
H04W	무선통신네트워크	3.45	2	4	5
H05B	전기가열; 달리 분류되지 않는 전기조명	10.26	4	8	14
H05C	생물을 살해, 기절, 포위, 또는 유도하기 위하여 사용되는 장치에 특별히 설계된 전기회로 또는 전기장치	14.96	5	15	21
H05F	정전기; 자연적으로 발생하는 전기	10.59	4	9	15
H05G	X선 기술	8.28	4	6	11
H05H	플라스마 기술	8.24	3	6	10
H05K	인쇄회로; 전기장치의 상체 또는 구조적 세부, 전기부품 조립체의 제조	7.87	3	6	10

출처 : 특허청

예상 시장점유율 및 총매출액 예측은 해당 분야의 대표기업 등의 기업 보고서상 재무제표를 활용하거나 관련 기술 분야의 기업보고서상의 재무제표를 활용하여 예측한다. 다음은 예상 시장점유율 및 총매출액에 대한 예이다.

■ 예상 시장점유율 및 총매출액

해당 분야 대표기업 1곳과 해당 기술 관련 기업 2곳을 선정하여, 이들의 최근 3년간 재무제표 및 성장률을 분석하였다.

- 사업화 1년 차의 경우, 예상 시장점유율은 대표기업들의 매출 평균, 매출이 전체 시장에서 차지하는 비중 그리고 3년간 성장률을 토대로 추정한 후, 전체 시장으로 나누어 계산한다.
- 예상 시장점유율의 성장률은 대표기업 3곳의 연평균 성장률, ○○시장 성장률, 신기술 개발로 인한 매출 상승률을 고려하여 산정하였다(신기술 개발로 인한 대표기업 3곳의 성장률은 35%로 정함).

예상 시장점유율

(단위 : %)

구분	2017	2018	2019	2020
국내	1.64	2.05	2.57	3.21
국외	0.40	0.54	0.72	0.97
계	0.56	0.77	1.02	1.35

국내외 발생 총매출액은 시장 규모×점유율로 계산한다.
국내 3D 영상 시장 성장률은 국외 ○○시장 성장률과 동일하게 반영하였다(연평균 29.33%).

총매출액

(단위 : %)

구분	2017	2018	2019	2020
국내	1.64	2.05	2.57	3.21
국외	0.40	0.54	0.72	0.97
계	0.56	0.77	1.02	1.35

시장 경쟁력 분석에 따른 판단

사업화 소요 기간			
1년 이내(기술 개발 중 포함)	2년 이내	3년 이내	3년 초과

※ 기술 개발 종료 후 해당 제품 상용화까지의 소요 기간

기술의 경제적 수명
20년

※ 개발기술이 적용된 제품에서 초과이익이 발생할 수 있는 기간

예상 시장점유율			
세계 1% 미만 또는 국내 10% 미만	세계 1% 이상 또는 국내 10% 이상	세계 3% 이상 또는 국내 20% 이상	세계 5% 이상 또는 국내 30% 이상

※ 제품의 연간 예상 시장점유율(매출 발생 후 3년간 평균, 유사 제품군 생산 1, 2, 3위 기업 평균 또는 업종 평균 기준)

예상 총매출액			
1,300억 원 이하	1,300억 원 이상	6,500억 원 이상	130,000억 원 이상

※ 시장 규모에서 개발기술이 적용된 최소 제품 등의 시장점유율을 곱하여 환산(국내 총생산액과 유사)

프로젝트 투자비용 대비 총매출액율			
10 미만	10 이상	50 이상	100 이상

※ (경제적 수명 동안 총매출액의 합) / (투입 연구비의 합)
※ 총매출액, 투입 연구비 등은 연구개발 시작 연도(1차연도)부터 할인율(10%) 적용하여 산출 및 계산

3) 독창성 분석

관련 기술 독창성은 지재권 확보 가능성으로 판단한다. 기획하고 있는 후보 과제의 지재권 확보 가능성을 판단할 때는 기획평가원 등 과제 기획의 기획자로 선임될 경우 앞서 경제성 평가와 같이 이 경우도 특허사무소를 통하여 보고서가 작성되어 전달되기 때문에 이를 활용하면 된다.

관련 기술의 독창성은 기술 수준 판단 과정에서 추출된 유사 선행특허들을 대상으로 후보 과제 핵심기술과의 유사성 및 차이점을 분석하고, 세부기술별 지재권 확보 가능성을 판단하는 것으로, 우선 특허사무소에 의뢰하기 위해서는 기술트리를 요청한다.

기술트리의 경우, 후보 기술에 대한 대·중·소 분류를 하고, 각 기술에 대한 설명과 키워드를 작성한다.

아래는 기술트리의 예시이다. 대분류를 과제명으로 하고, 1차 분류, 2차 분류를 하며, 각 분류기술에 대한 설명과 키워드가 작성된 것을 확인할 수 있다.

소분류별 지재권 확보 가능성에 대해 분석한 후 대처 방안 마련을 통해 유사 선행특허의 극복 가능 여부를 판단하고, 전체 후보 과제의 지재권 확보 가능성에 대한 판단을 수행할 수 있다.

구분	1차 분류	2차 분류	내용	키워드
지능정보기술을	지능정보기술을 활용한 이미지 공유 저작물 검색 및 이용보장기술 개발	지능정보기술을 이용한 이미지 공유 저작물 검색기술	지능정보기술을 이용하여 이미지 공유 저작물을 학습시키고, 학습된 엔진에 의해 이미지 공유 저작물을 검색하는 기술	인공지능(AI), 딥러닝(Deep Learning), 공유 저작물, 이미지 검색 엔진, 저작물 사용 허가 표시(CCL)
		지능정보기술 기반의 이미지 공유 저작물 주제 요소별 분류기술	지능정보기술을 이용하여 이미지 공유 저작물에 대한 주제 요소(사물, 인물, 배경, 지역, 감성 등)를 추출하고 주제 요소별로 분류하는 기술	인공지능, 딥러닝, 공유 저작물, 주제 요소, 이미지 분류기술

구분	1차 분류	2차 분류	내용	키워드
활용한 공유 저작물에 대한 검색 및 맞춤형 추천 서비스 개발	빅데이터 기반 이미지 공유 저작물 트렌드 분석기술 개발	빅데이터 기반의 이미지 공유 저작물 권리관리 확인기술	공유 저작물 중에 권리관계가 변경되는 저작물에 대한 권리를 빅데이터 기반으로 수집 및 분석하여 권리관리를 확인하는 기술	공유 저작물, 권리관리정보, 빅데이터 정보 수집, 권리관리 확인
		빅데이터 기반의 공유 저작물 트렌드 분석기술	빅데이터 기반의 공유 저작물 트렌드를 분석하는 기술	공유 저작물, 빅데이터, 사용자 트렌드 분석
		빅데이터 기반의 개인 맞춤형 공유 저작물 사용자 성향 분석기술	개인별 맞춤 서비스를 제공하기 위한 공유 저작물에 대한 사용자 성향을 분석하는 기술	공유 저작물, 맞춤 서비스, 주제 요소, 사용자 성향 분석
		빅데이터 기반의 개인 맞춤형 공유 저작물 사용자 성향 프로파일 기술 개발	개인별 맞춤 서비스를 제공하기 위한 공유 저작물에 대한 사용자 성향을 프로파일화하는 기술	공유 저작물, 맞춤 서비스, 사용자 프로파일
	이미지 공유 저작물 맞춤형 큐레이션 및 추천 서비스개발	이미지 공유 저작물 아이템 기반 맞춤형 큐레이션 기술	이미지 공유 저작물을 아이템 기반으로 맞춤형 큐레이션하는 기술	공유 저작물, 맞춤 서비스, 큐레이션, 아이템 기반, 주제 요소
		이미지 공유 저작물 사용자 기반 맞춤형 큐레이션 기술	이미지 공유 저작물을 사용자 기반으로 맞춤형 큐레이션하는 기술	공유 저작물, 맞춤 서비스, 큐레이션, 사용자 기반, 프로파일
		이미지 공유 저작물 맞춤형 추천기술	이미지 공유 저작물에 대한 사용자별 적합성을 맞춤형 가중치 알고리즘을 활용하여 추천하는 기술	공유 저작물, 맞춤 서비스, 가중치, 적합성, 사용자 기반

다음은 유사특허에 관한 내용을 작성한 것이다.

유사특허에 관한 정보로 특허번호, 출원일자, 출원인, 권리 상태, 권리의 유효 기간인 권리 존속 기간을 표시하여 작성하고 발명의 명칭, 발명의 내용, 유사점/차이점 그리고 지적권 확보 가능성에 대하여 작성한다.

특허(등록·공개)번호	출원일자	출원인(출원인 국적)	권리 상태	권리 존속 기간
1432712	2013. 3. 5.	충북대학교 산학협력단 (KR)	등록	2033. 3. 5.
발명의 명칭	소프트웨어 안전성 향상을 위한 코드 리팩토링 방법			

특허(등록·공개)번호	출원일자	출원인(출원인 국적)	권리 상태	권리 존속 기간
발명의 내용	함수의 파라미터 및 반환 값에 대한 유효성 검증 및 예외처리를 수행하고 있는지 여부와 관련된 함수 항목과 표준 입력 함수에서 문자열을 기준으로 의도한 길이를 초과한 데이터를 입력할 때, 버퍼에 의한 표준 입력에의 영향 및 입력 데이터가 인접한 메모리에 영향을 미치지 않도록 조치를 취하고 있는지 여부와 관련된 입력 항목을 포함하는 안전성 체크리스트를 이용하여 코드 검사를 수행하며, 안전성 저해 요소가 식별되면, 식별 항목에 해당하는 코드 리팩토링을 식별된 코드에 적용한다.			
유사점/차이점	• 유사점 : 안전성 체크리스트를 통해 안전성 저해 요소를 식별하고, 식별 요소들을 대상으로 코드 리팩토링을 적용한다. • 차이점 : 선행특허는 복수의 유효성 검증작업을 통한 체크리스트의 반복 적용으로 안전 관련 소프트웨어의 안전성을 향상시키는 코드 리팩토링 방법에 대하여 기재되어 있지만, 본 기술은 모바일 기반의 전력 절감이 가능한 코드 리팩토링 방법이라는 점에서 차이점이 있다.			
지재권 확보 가능성 (대처 방안)	선행특허는 복수의 유효성 검증작업과 코드 리팩토링에 따른 전력 절감 방법에 대하여 제시하고 있지 않으므로 본 기술과 큰 차이가 존재한다. 따라서 Cross license 가능 특허 확보가 가능하다고 판단된다.			

여기서 말하는 독창성에 따른 판단은 크게 4가지로 구분되며, 개발 내용을 살펴보면 다음과 같다.

① 개량특허 : 기존 발명을 개량한 부분에 대하여 새로운 효과가 발생하고, 구성상의 차이와 효과의 진보성이 인정된 특허

② 해외특허 : 국내뿐만 아니라 해외에서 기술에 대한 신규성, 진보성을 인정받아 특허권을 확보한 특허

③ Cross License : 특허 실시 계약 당사자들이 자기가 가진 특허권 등에 관하여 상호 간에 실시권을 부여하는 일

④ 세계적으로 독보적인 특허 : 원천기술이란 어떤 제품을 생산하는 데 없어서는 안 될 핵심기술을 뜻한다. 원천기술은 다른 기술에 의존하지 않는 독창성을 지녀야 하며, 그로부터 다수의 응용기술을 만들어 낼 수 있는 생산성이 있어야 한다. 이러한 원천기술이 특허 등록된다면 원천특허라고 할 수 있다.

⑤ 표준특허 : 표준화 기구에서 정해진 표준기술을 포함한 특허로 해당 표준을 기술적으로 구현하는 과정에서 반드시 사용할 수밖에 없는 특허

독창성 분석에 따른 판단			
지재권 확보 가능성			
개량특허 확보 가능	해외특허 확보 가능	**Cross License 가능 특허 확보 가능**	세계적으로 독창적, 기본·표준특허 확보 가능

4) 기술 개발 및 사업화 성공 가능성

본 과제 기획의 기술 개발 실현 가능성과 사업화 성공 가능성에 대한 객관적인 지표를 제시해야 한다. 일반적으로 영리를 목적으로 하는 R&D의 경우, 기술 개발 성공 가능성과 사업화 성공 가능성이 커야 한다.

■ **기술 개발 및 사업화 성공 가능성**

- 모바일 및 IOT(Internet of Things, 사물인터넷) 환경에서 소프트웨어 기반의 저전력 기술은 현재 활발히 진행되고 있으나, 저작권 기술에서는 초기 단계이다. 하지만 기존의 저작권 기술 업체 등과 협조한다면 기술 개발 성공 가능성이 높다.
- 클라우드 서비스, OTT 서비스(온라인 기반 동영상 서비스) 업체 및 중소 규모, 개인방송 등의 서비스 플랫폼에 본 기술을 제공하여 사업화가 가능하다.
- 기술 수요처인 국내 저작권 기술 업체와의 연계를 통하여 업계의 요구사항을 적극 반영하여 기술을 개발한다면 사업화가 가능하다.

기술 개발 및 사업화 성공 가능성에 따른 판단

기술 개발 성공 가능성			
매우 높음	**높음**	보통	낮음

사업화 성공 가능성			
매우 높음	**높음**	보통	낮음

4. 연구 목표 및 연구 내용(최종 목표 및 내용, 연도별 목표 및 내용)

다음은 연구 목표 및 연구 내용이다. 개발하고자 하는 기술의 내용은 최종 산출물(제품, 기술 등)로 함축하여 간략히 표현하는 것이 좋다. 또한 가독성을 위해 신청 기술에 대한 개요를 다시 한번 써주고, 관련 최종 목표 산출물을 리스트업 한다. 최종 산출물은 각 구성요소와 지식재산권 산출물을 작성한다.

다음은 예시로서, 앞서 작성한 과제 기획의 개요를 써주고, 최종 산출물에 대한 내용을 작성하였다.

■ 최종 목표

본 연구는 HTML5를 활용한 소셜네트워킹 서비스 기반의 e-Learning 인터페이스를 개발하는 것으로 최근 차세대 웹 서비스 개발의 주요 기술로서 각광받고 있는 HTML5를 이용하여 e-Learning 서비스 플랫폼과 소셜네트워크를 연동할 수 있는 인터페이스를 개발하고, 이를 API화하는 것이다.

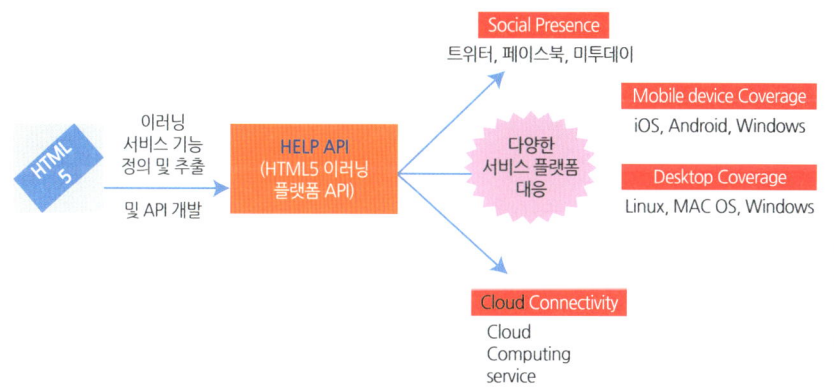

HTML5를 활용한 소셜네트워킹 서비스 기반의 e-Learning 인터페이스 개념도

【 최종 결과물 】

1. HTML5 기반의 e-Learning API 개발
2. 스마트 디바이스 기반의 동영상 강좌 저작도구 개발
3. 스마트 디바이스 기반의 동영상 강좌 시청 앱 개발

4. HTML5 기반의 동영상 강좌 서버 개발

5. 소셜네트워킹 서비스 연동 애플리케이션 개발

6. 특허 출원(본 사업 관련 BM 특허 출원)

7. 소프트웨어 등록(본 사업 관련 소프트웨어 등록)

최종 목표 및 내용을 작성할 때는 직관적으로 최종 결과물에 대한 내용을 작성할 뿐만 아니라 기술적으로도 상세한 최종 목표 및 내용을 작성해 준다. 여기에서는 본 과제 기획을 통해 자체적으로 개발해야 하는 연구개발 영역과 기존에 널리 사용하고 있는 기존 기술을 활용하는 분야를 각각 나누어 작성한다.

■ **자체 개발 기술**

- HTML5 기반의 e-Learning API 개발
- 스마트 디바이스 기반의 동영상 강좌 저작도구 개발
- 스마트 디바이스 기반의 동영상 강좌 시청 앱 개발
- HTML5 기반의 동영상 강좌 서버 개발
- 소셜네트워킹 서비스 연동 애플리케이션 개발

■ **기존 기술 활용**

- 매시업(Mash-up) 기술
- SNS 연동 API 기술
- 맞춤형 콘텐츠 처리 엔진 기술
- 동영상 강좌 Embedding 기술

연도별 목표 및 내용은 앞서 제시한 최종 목표 및 자체 기술 개발 내용, 기존 기술 활용 내용 등을 작성하여 제시한다.

① 연도별 목표 : 연도별로 주가 되는 연구 주제를 작성한다.

② 연도별 연구 내용 : 연도별로 주가 되는 연구 주제를 세부 항목으로 나누어 작성한다.

③ 연도별 주요 결과물 : 연도별로 연구 과제를 수행하면서 발생되는 성과물로서 특허, 논문, 표준화, 사업화, 기술 이전 등이 여기에 포함된다.

④ TRL 단계 : 연도별로 해당하는 TRL 단계를 작성해 준다. 5단계 이후는 항상 고려하면서 작성해야 한다.

연도별 목표 및 내용 작성

구분	2016년	2017년	2018년
연구 목표	• HTML5 기반의 e-Learning API 개발	• 스마트 디바이스 기반의 동영상 강좌 저작도구 및 앱 개발	• 소셜네트워킹 동영상 강좌 서비스 개발
연구 내용	• 소셜네트워킹 서비스 API 분석 및 연동 인터페이스 규격 정의 - e-Learning 사이트 기능 분석 연동 인터페이스 규격 정의 - 매시업 기능 분석 및 e-Learning 적용 기능 정의 • HTML5 기반 기능 분석 및 e-Learning 적용 기능 분석 - HTML5 기반의 e-Learning API 규격 정의 - HTML5 기반의 e-Learning API 모듈 개발	• 스마트 디바이스 기반의 동영상 강좌 저작도구 개발 - 저작도구 코어엔진 개발 - HELP API를 이용한 동영상 업로드 모듈 개발 • 스마트 디바이스 기반의 동영상 강좌 시청 앱 개발 - 동영상 강좌 시청 코어엔진 개발 - HELP API를 이용한 SNS 연동 모듈 개발 - HELP API를 이용한 동영상 강좌 서버 연동 모듈 개발	• HTML5 기반의 동영상 강좌 서버 개발 - HELP API를 이용한 UCC 기반의 맞춤형 서버 개발 - 학습 콘텐츠 데이터베이스 구축 - 맞춤학습 콘텐츠 처리 엔진 구현 • 소셜네트워킹 서비스 연동 애플리케이션 개발 - HELP API를 이용한 SNS 연동 모듈 개발 - 동영상 강좌 Embedding 인터페이스 규격 정의 - 동영상 강좌 Embedding 모듈 개발
주요 결과물	• 특허 출원/등록 건수 - 출원 : 2 - 등록 : 0 • 논문 - 국외 논문 : 2 - 국내 논문 : 2 • 프로그램 등록 : 2 ※ 기타 결과물 포함	• 특허 출원/등록 건수 - 출원 : 2 - 등록 : 2 • 논문 - SCI 논문 : 2 • 프로그램 등록 : 2 • 표준화 활동 - 기술 기고 2건 ※ 기타 결과물 포함	• 특허 출원/등록 건수 - 출원 : 2 - 등록 : 2 • 논문 - SCI 논문 : 2 • 프로그램 등록 : 2 • 표준화 활동 - 기술 기고 1건 ※ 기타 결과물 포함
TRL	2~5단계	2~5단계	3~5단계

상세 연도별 목표는 다음과 같이 작성한다.

3차연도 계획이라면 3차연도에 해당하는 내용을 요약하여 작성해 준다.

1차연도	
연구 목표	HTML5 기반의 e-Learning API 개발

연구 내용	• 소셜네트워킹 서비스 API 분석 및 연동 인터페이스 규격 정의
	  - e-Learning 사이트 기능 분석 연동 인터페이스 규격 정의
	  - Mash-up 기능 분석 및 e-Learning 적용 기능 정의
	• HTML5 기반 기능 분석 및 e-Learning 적용 기능 분석
	  - HTML5 기반의 e-Learning API 규격 정의
	  - HTML5 기반의 e-Learning API 모듈 개발

결과물	결과물명	목표 수준

	• 특허 출원/등록 건수
	  - 출원 : 2
	  - 등록 : 0
	• 논문
	  - 국외 논문 : 2
	  - 국내 논문 : 2
	• 프로그램 등록 : 2
	※ 기타 결과물 포함
		• HELP API 개수 20개 이상, TTA GS 인증

2차연도	
연구 목표	스마트 디바이스 기반의 동영상 강좌 저작도구 및 앱 개발

연구 내용	• 스마트 디바이스 기반의 동영상 강좌 저작도구 개발
	  - 저작도구 코어엔진 개발
	  - HELP API를 이용한 동영상 업로드 모듈 개발
	• 스마트 디바이스 기반의 동영상 강좌 시청 앱 개발
	  - 동영상 강좌 시청 코어엔진 개발
	  - HELP API를 이용한 SNS 연동 모듈 개발
	  - HELP API를 이용한 동영상 강좌 서버 연동 모듈 개발

결과물	결과물명	목표 수준

	• 특허 출원/등록 건수
	  - 출원 : 2
	  - 등록 : 2
	• 논문
	  - SCI 논문 : 2
	• 프로그램 등록 : 2
	• 표준화 활동
	  - 기술 기고 2건
	※ 기타 결과물 포함
		• HELP API를 이용한 사용자 참여형 맞춤학습 서버 응답 속도 3초 이내, GS 인증
		• HELP API를 이용한 소셜네트워크 연동 애플리케이션 1식

	3차연도	
연구 목표	소셜네트워킹 동영상 강좌 서비스 개발	
연구 내용	• HTML5 기반의 동영상 강좌 서버 개발 　- HELP API를 이용한 UCC 기반의 맞춤형 서버 개발 　- 학습 콘텐츠 데이터베이스 구축 　- 맞춤학습 콘텐츠 처리 엔진 구현 • 소셜네트워킹 서비스 연동 애플리케이션 개발 　- HELP API를 이용한 SNS 연동 모듈 개발 　- 동영상 강좌 Embedding 인터페이스 규격 정의 　- 동영상 강좌 Embedding 모듈 개발	
	결과물명	목표 수준
결과물	• 특허 출원/등록 건수 　- 출원 : 2 　- 등록 : 2 • 논문 　- SCI 논문 : 2 • 프로그램 등록 : 2 • 표준화 활동 　- 기술 기고 1건 ※ 기타 결과물 포함	• HELP API를 이용한 스마트 기기용 동영상 저작도구 1식, TTA GS 인증 • 스마트 기기용 동영상 강좌 시청 반응 속도 3초 이내, TTA GS 인증

5. 추진체계 및 사유

추진체계 및 사유는 본 과제가 최종 선정되어 공고가 된 후, 이를 수행할 업체를 뽑을 때 참고하고 실제 참여 제한 조건이 될 수 있는 항목이다.

실제 지정공모에 대한 R&D 공고가 떴을 때 해당 과제를 준비하는 기업들은 추진체계, 즉 컨소시엄을 구성하는 데 많은 시간을 소비하게 된다.

따라서 과제 기획 단계에서부터 과제의 성격, 성과 등 여러 가지를 고려하여 주관기관, 참여기관에 해당하는 산·학·연 기관에 대한 내용을 명시해 주어야 한다.

다음은 추진체계 및 사유에 대한 예시이다.

■ 추진체계 및 사유

• 추진체계
　- 주관기관 : 대학 및 연구기관

- 참여기관 : 제한 없음

※ 기타 조건 등 제시

• 추진체계 결정 사유

당 연구 과제는 저작권 보호와 다양한 저작권 공격에 강인한 환경을 조성하기 위하여 핵심 원천기술 개발 및 특허권 선행 확보가 강조되고 있다. 그렇기 때문에 원천기술에 대한 연구 경험이 있는 대학 및 연구기관에서 본 과제를 주관할 필요가 있다.

6. 연구 기간 및 연구비

정부에서 진행하는 과제는 기간에 따라 단기 과제, 중기 과제, 중장기 과제로 나눌 수 있다. 본 항목은 연구 기간과 해당하는 연도에 따른 연구비 산정 내용을 기술해야 한다. 다음은 연구 기간 3년에 연도별 연구비는 2억 원, 정부지원금은 3년 합계 6억 원인 과제의 예시다.

※ 과제 기획 시에는 과제 연도를 길게 하고 금액을 높인 상태로 진행하며, 몇 차례 전문가의 검토를 거쳐 예산이 조정된다.

처음부터 과제 수행 기간을 짧게 잡고 예산을 긴축적으로 잡으면 향후 몇 차례 전문가의 검토를 거치면서 사업 기간과 사업비가 조정될 경우 실제 후보 과제를 진행하기에 사업 기간과 사업비가 부족할 수 있으므로 이를 염두에 두고 진행해야 한다.

■ 연구 기간 및 연구비

• 연구 기간 : 2014~2016년(3년간)
• 연구비

(단위 : 억 원)

구분	2016	2017	2018	총액
정부	6	6	6	18

7. 연구개발 결과의 활용 방안 및 기대 효과

연구개발 결과의 활용 방안 및 기대 효과는 도표를 통하여 제시해 주는 것이 가장 좋고, 그렇지 않은 경우 각각 나누어서 작성하도록 한다.
① 활용 방안은 실제 사업화, 특허 출원, 사회적 기여 등에 대하여 작성한다.
② 기대 효과는 본 연구개발을 통하여 기대되는 기술적 기대 효과, 경제적 기대 효과, 사회·문화적 기대 효과 순으로 작성한다.

■ 연구개발 결과의 활용 방안 및 기대 효과

㉠ 활용 방안

- 본 기술이 완성되면, 스마트폰을 활용한 교육 콘텐츠 시장의 급성장이 예상되는 시점에서 HTML5를 활용한 e-Learning용 API를 제공하여 웹상에서 제공되는 학습 콘텐츠를 스마트 기기에 동일한 콘텐츠로 신속하게 제공할 수 있어 차세대 지식 서비스 산업에 활용 가능하고 관련 특허 및 실제 사업화에 활용할 수 있다.
- 또한 개방형 환경에서의 플랫폼 독립적인 콘텐츠를 제공하여 스마트폰 및 IPTV 콘텐츠 서비스의 다양화를 가져올 수 있는 동시에 e-Learning에 SNS를 이용한 집단지성 기술을 접목하여 참여, 개방, 공유를 통한 학습에 대한 동기유발로 크게는 e-Learning 산업 발전을 도모할 수 있다.

㉡ 기대 효과

- 기술적 기대 효과
  - 기존 기술과 달리 ○○환경에 효율적이고, ○○환경에서 사용할 수 있는 독점적 ○○기술을 확보할 수 있다.
  - HTML5 기술을 바탕으로 소셜네트워크 서비스 환경에서의 e-Learning 인터페이스를 활용하여 단방향적인 학습 시스템에서 벗어나 집단지성을 활용한 협력형 학습 시스템에 대한 기술을 확보할 수 있다.
  - HTML5를 활용하여 플랫폼 독립적인 서비스를 제공하여 동일한 콘텐츠에 대한 스마트 기기별 추가 개발 등이 필요 없는 호환성 기술을 확보할 수 있다.
- 사회·경제적 기대 효과

- 스마트폰 시장 및 클라우드 서비스 시장 등이 확대됨에 따라 동일한 학습 콘텐츠를 여러 플랫폼에 동일하게 적용하여 콘텐츠 제작비용 절감과 이에 따른 재투자로 인한 콘텐츠 서비스의 다양화를 통하여 시장 및 산업에 적극적인 대응이 가능하다.
- 소셜네트워크 및 스마트 시대를 맞이하여 교육 콘텐츠에서도 집단지성을 활용해 자신에게 적합한 강좌나 문제집 등에 대한 선별 및 구매를 함으로써 불필요한 문제집 구입비나 학생 수준을 고려하지 않은 일방적인 교육 서비스를 개선하다.

8. RFP

과제 기획이 되었으면 이를 요약하여 RFP를 작성한다. 결국 과제기획서는 최종적으로 RFP를 만들기 위한 일련의 과정이고 산출물이다. 때문에 RFP는 과제 기획에 대한 최종 지원 과제 선정을 위한 근거 자료가 된다. 실제적으로 R&D 공고가 났을 때는 기획서가 첨부되는 것이 아니라 RFP가 첨부된다.

과제기획서의 내용을 바탕으로 RFP를 작성할 때는 다음과 같은 필수 항목이 들어가야 하며, 이러한 내용들은 앞서 작성한 과제 기획을 요약한 내용이다.

1. 개요 및 필요성
2. 연구 목표
   - 최종 목표
   - 개발 목표
3. 연구 내용
   - 자체 연구개발 기술
   - 기존 기술 활용
   - 연도별 목표 및 내용
4. 추진체계
   - 추진체계
   - 결정 사유
5. 연구 기간 및 연구비

- 연구 기간
- 연구비

6. 기대 효과

다음은 각 부처별 RFP에 대한 예시이다.

문체부 예시 : 2016년도 저작권 기술 개발(R&D) 사업 계획 공고

관리번호	2016-opt-9500	과제 유형	산업원천형 (ㅇ), 산업혁신형 ( )
과제명	모바일 및 IOT 디바이스를 위한 소프트웨어 기반의 자원효율성이 최적화된 저작권 기술 프레임워크 개발		
1. 개요 및 필요성			

가) 개요

- 저전력 이슈가 큰 모바일 및 IOT 디바이스에 PC 기반의 특징 기반 필터링, DRM, 워터마킹, Steganography 기술 등과 같은 저작권 기술을 그대로 적용하여 사용하기에는 어려움이 있다. 이를 해결하기 위하여 소프트웨어 기반으로 자원효율성을 최적화해 저전력이 보장된 저작권 기술을 개발하고, 이를 API화하여 모바일 또는 IOT 디바이스 기반 저작권 기술 프레임워크를 개발하는 것이 목적이다.

나) 필요성

- 연구개발 과제의 필요성
  - (환경 변화) ICT 환경 변화에 따라서 콘텐츠 이용 행태가 PC, TV 기반에서 이동성을 기반으로 하는 모바일 및 IOT 서비스 환경으로 변화되고 있으며, 이에 따라 저작권 침해도 증가하고 있으나, 기존 저작권 기술을 모바일 및 IOT 기기에 적용하기에는 지원하는 API 및 배터리 사용률 등의 문제가 있다.
  - ICT 환경이 항상 켜져 있고(Always-On), 언제나 접속되어 있는(Always-Connected) 스마트 및 IOT 환경으로 변화됨에 따라 저전력 기술이 필수 기술이 되고 있으며, LET 스마트폰 사용자의 불만족도 조사의 경우 배터리에 대한 불만율이 62%에 달하고 있다.
  - 모바일 기기 및 IOT 기기에서 중요한 위치를 차지하고 있는 배터리 기술은 발전 속도가 가장 느린 분야로, 12개월마다 5% 정도씩 올라가는 5% 법칙이라는 용어가 생겨났으며, 지금의 진화 속도라면 15년 후인 2025년경에는 지금의 2배가 된다.

- 시장 현황/산업 현황 시스코는 향후 10년간 IOT에서 기업들이 창출할 수 있는 가치는 14.4조 달러, 공공 부분에서는 4.6조 달러에 이를 것으로 전망하였고, 가트너는 2015년 인터넷 연결 기기 수가 2014년 대비 30% 증가한 49억 대에 이르고, 2020년에는 250억 대에 이를 것으로 전망하였으며, IDC는 2013년 1조 9,000억 달러 규모의 IOT 시장이 2020년에는 7조 1,000억 달러로 성장할 것으로 전망하고 있다.
- IOT 산업은 하드웨어와 소프트웨어 및 서비스가 혼합된 복잡한 가치사슬로 형성되어 있으며, 이런 상황에서 IOT를 주도하기 위해 글로벌 기업들은 M&A 등을 통해 자사 중심의 생태계 조성을 적극 추진하며 시장 선점 활동을 강화하고 있다.

※ 국내의 경우 삼성전자, LG전자, 이동통신사를 중심으로 움직임이 구체화되고 있다.

※ 구글은 스마트폰 OS '안드로이드'를 TV, 자동차, 시계 등 주요 기기에 모두 집어넣는다는 계획을 발표하였고, 시스코는 사물인터넷 시대를 대비하여 IOT용 앱 개발 프레임워크인 'IOX'를 앞세워 IOT 플랫폼 선점에 나서고 있으며, 퀄컴(Qualcomm)은 연결 기기용 오픈소스 사물인터넷 프레임워크 올조인(Alljoyn)을 앞세우고 있는 등 글로벌 기업은 이미 경쟁 모드에 돌입하고 있다.

- 가트너는 IOT 실현을 위한 필요 핵심기술로 저전력 네트워킹 기술, 센서 데이터 최적화 및 관리 기술, 저전력 임베디드 OS 기술, 새로운 전력 공급 및 저장 기술, 저가격·저전력 프로세서 기술 등 5개 요소를 지목하고 있다.
- IOT 관련 표준 단체인 AllSeen Alliance, IIC(Industrial Internet Consortium), OIC(Open Interconnect Consortium), Thread Group의 회원사들을 살펴보면 저작물 서비스와 관련된 솔루션 회사와 동영상 포털, 게임, 디지털미디어 등의 업체들이 포함되어 있어 IOT 환경에서의 미디어 서비스도 활발하게 추진될 것으로 전망된다.
- 이러한 IOT 환경에서 인텔, ARM 등은 CPU와 GPU 그리고 통신칩과 같은 하드웨어 기반으로 해결하려고 하며, 반면에 하드웨어 변경 없이 소프트웨어적으로 전력 소모를 최적화하는 연구도 활발히 진행되고 있다.

• 연구개발 과제의 경제적·산업적 중요성
- 모바일 및 IOT 환경으로 변화됨에 따라 미디어 서비스의 증가와 불법 복제물의 증가 또한 많아질 것이 자명한 만큼, 저전력을 고려한 제안 기술의 개발을 통하여 저작권 산업 발전의 저해 요인으로 작용하고 있는 콘텐츠의 불법 공유를 방지할 수 있을 것으로 예상된다.

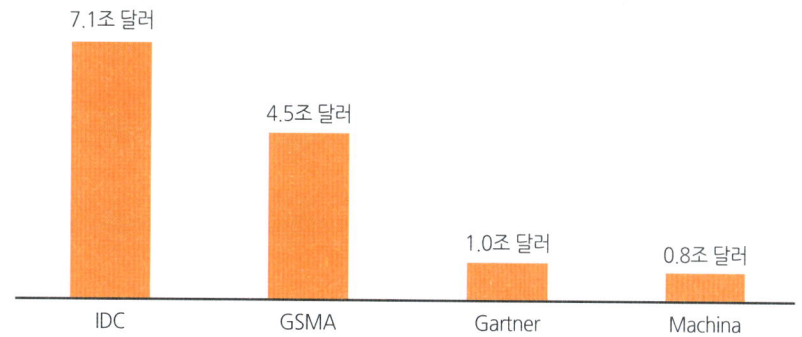

세계 IOT 시장 전망(2020년)

*출처 : 삼성증권 자료 재인용(원출처 : IDC, GSMA, Gartner, Machina)
※ 참고 : Machina 데이터는 추정치. 2022년 1.2조 달러 전망, CAGR(2013~2022) 21.8% 전망

2. 연구 목표

가) 최종 목표

- 모바일 및 IOT 디바이스를 위한 자원효율성이 최적화된 저작권 기술 프로파일 기술 연구
- 모바일 및 IOT 디바이스를 위한 자원효율성이 최적화된 저작권 기술 개발
- 모바일 및 IOT 디바이스를 위한 자원효율성이 최적화된 저작권 기술 프레임워크 개발

나) 개발 목표

	핵심 기술·제품 성능지표	단위	성능·성과 목표	국내 최고 수준	세계 최고 수준 (보유국, 기업·기관명)
1	저작권 기술, 코드 리팩토링 기술, 전력저감율	%	10% 절감	없음	없음
2	저전력 API(기존 API 대비 선력 소모량 10% 서감)	개수	30개	없음	
3	저전력 API 레퍼런스 소프트웨어	종	1종	없음	없음
4	저전력 저작권 기술	종	3종	없음	없음
5	온라인 리팩토링 서비스	종	1종	없음	없음
	비고사항(달성 목표 기준)				

3. 연구 내용

가) 자체 개발기술

- 자원효율성을 위한 저작권 기술 프로파일 기술

- 자원효율성이 최적화된 저작권 기술
- 자원효율성이 최적화된 저작권 기술 프레임워크

나) 기존 기술 활용

- 프로파일 조사기술
- 코드 리팩토링 기술
- 워터마크 기술, 필터링 기술

다) 연도별 목표 및 내용

구분	2016	2017	2018
연구 목표	• 자원효율성을 위한 저작권 기술 프로파일 기술 연구	• 자원효율성이 최적화된 저작권 기술 개발	• 자원효율성이 최적화된 저작권 기술 프레임워크 개발
연구 내용	• 저작권 기술 프로파일 조사기술 • 저작권 기술 자원효율성을 위한 아키텍트 기술 • 저작권 기술 코드 리팩토링 기술	• 자원효율성이 최적화된 특징 기반 인식기술 • 자원효율성이 최적화된 워터마킹 기술 • 자원효율성이 최적화된 포렌식마킹 기술	• 자원효율성이 최적화된 저작권 기술 API 기술 • 자원효율성이 최적화된 저작권 기술 API 레퍼런스 소프트웨어 • 온라인 기반의 저작권 기술 코드 리팩토링 서비스
주요 결과물	• 특허 출원/등록 건수 – 출원 : 2 – 등록 : 0 • 논문 – 국외 논문 : 2 – 국내 논문 : 2 • 프로그램 등록 : 2 ※ 기타 결과물 포함	• 특허 출원/등록 건수 – 출원 : 2 – 등록 : 2 • 논문 – SCI 논문 : 2 • 프로그램 등록 : 2 • 표준화 활동 – 기술 기고 2건 ※ 기타 결과물 포함	• 특허 출원/등록 건수 – 출원 : 2 – 등록 : 2 • 논문 – SCI 논문 : 2 • 프로그램 등록 : 2 • 표준화 활동 – 기술 기고 1건 ※ 기타 결과물 포함

4. 추진체계

가) 추진체계

- 주관연구기관 : 기업 및 연구기관
- 참여연구기관 : 기업 및 대학, 연구기관

나) 결정 사유

- 당 연구 과제는 특징 기반 인식, DRM, 워터마킹 기술 등의 개발 경험을 보유하여 모바일

및 IOT 디바이스를 위한 소프트웨어 기반의 자원효율성이 최적화된 저작권 기술 프레임워크 개발이 가능한 기업 및 연구기관에서 주관할 필요가 있다.

5. 연구 기간 및 연구비

- 연구 기간 : 2016~2018년(3년간)
- 연구비

(단위 : 억 원)

구분	총사업비	연차별 정부지원금			비고
		2016	2017	2018	
정부지원금	15	5	5	5	

6. 기대 효과

가) 기술적 기대 효과

- 소프트웨어 기반의 저전력 저작권 기술을 개발하여 모바일 및 IOT 환경에서의 독자적인 저전력 저작권 기술 확보 및 표준 제안이 가능
- 기업들에게 모바일 및 IOT 환경에서 사용할 수 있는 저전력 저작권 기술을 제공하여 다양한 형태의 미디어 서비스와 합법적인 저작권 유통 서비스 제공

나) 경제적 기대 효과

- 저전력 저작권 기술을 활용하여 다양한 형태의 저작물 유통 서비스 개발과 안정적인 서비스 제공을 통하여 사용자의 구매력 증가와 콘텐츠 매출 및 부가 서비스의 수익 증대로 연결될 수 있다.

다) 사회적 기대 효과

- 모바일 및 IOT 환경에서 저전력 기술이 적용된 콘텐츠 서비스 개발을 통하여 안정적이고 신뢰할 수 있는 콘텐츠 유통 환경 조성
- 저전력 기반의 저작권 기술을 통해 사용자의 불편을 개선하고 모바일 및 IOT 환경에서 콘텐츠의 불법 사용을 방지함으로써 사회적 비용의 감소와 저작권에 대한 인식 제고에 기여

미래부 예시 : 2016년도 정보통신·방송 기술개발사업 및 표준화사업 신규 지원 대상 과제 공고

관리번호	2016-융합 서비스-05	과제 유형	(지정공모형)
과제명	빅데이터와 머신러닝 기반의 학생 맞춤형 인공지능 STEM 교육 플랫폼 개발		

1. 필요성

- 미래 교육의 핵심 경쟁력을 확보하기 위해서는 다양한 교육기업이 학생의 데이터를 분석하고 학생 개개인에게 최적화된 학습 로드맵을 제시할 수 있도록 하는 종합 교육 플랫폼이 필요하다.
  - 특히, 교육에서 디지털 콘텐츠를 활용한 이른바 혼합형 학습(Blended learning)이 빠르게 확산되어 미국의 혼합형 학습 보급률이 50%를 넘어선다.
  - 반면, 국내의 경우 혼합형 학습의 보급이 더디고, 교육회사별로 상이한 기준에 의해 디지털 콘텐츠를 제작함으로써 학생에 대한 학습 데이터가 서로 파편화되어 있고, 이를 통합적으로 분석할 수 있는 플랫폼이 전무하다.
  - 디지털화된 학습 데이터를 머신러닝 기반의 기술을 통해 분석하고 추천함으로써 학생 개개인의 문제점을 파악하고 학업 능력을 개선하는 데 활용할 수 있다.

2. 연구 목표

- 최종 목표 : 빅데이터와 머신러닝 기반의 학생 맞춤형 인공지능 STEM 교육(수학, 물리, 화학) 오픈 플랫폼 개발
  - STEM 교과목에 대한 통합 분석을 위해 지식체계도(총 2만 개 이상의 단위지식체계로 구성) 및 학업성취도 변수 도출
- 교육 과정 해설서, 집단지성에 의해 구축된 위키피디아(Wikipedia) 등에 기반하여 STEM 과목을 최소 단위인 '단위지식'으로 세분화하고, 교과 과정의 개념을 트리 구조의 단위지식의 조합으로 구조화
- 구축된 단위지식 풀을 활용해 단위지식 간의 관계를 네트워크 모형의 형태로 데이터베이스화한 지식체계도 구축
- 지식체계도 및 학생의 오답율 등에 기반한 빅데이터 분석으로 학업성취도에 영향을 미치는 변수 도출(학습 행동 패턴, 개념의 난이도, 중요도, 변별력 등)

- 실시간 학업성취도 평가 모델 및 맞춤형 개인학습 제공 플랫폼 개발
- 과거 학습 데이터를 토대로 실시간으로 학생의 현재 학업성취도 수준을 평가하고, 앞으로 배워야 할 지식에 대한 수용도를 측정하는 머신러닝 기반의 학업성취도 평가·예측 모델 개발(Bayesian IRT, Collaborate Filtering, Random Forest, Deep Learning 등)
- 개별 학생의 학업성취도 향상에 최적화된 맞춤형 개인학습 추천 알고리즘을 개발하고, 이에 기반한 최적화된 학습 자료(개념, 문제 풀이)를 제공하는 인공지능 교육 플랫폼 개발
  - 맞춤형 개인학습 플랫폼에 대한 실증 및 성과 측정
- 1단계 : 맞춤형 개인화 추천 알고리즘 초기 모델에 대한 실증 및 성과 검증(1개 과목, 방과 후 교실)
- 2단계 : 맞춤형 개인화 추천 알고리즘을 고도화하여 맞춤형 개인학습 제공 플랫폼의 학생 학업 능력 향상 효과 극대화 및 성과 검증(모든 과목, 방과 후 교실 등)
  - 과제 결과의 사업화 및 학생 맞춤형 인공지능 개인화 교육의 확산
- 1단계 : 맞춤형 인공지능 교육 표준 플랫폼을 개발하고 데이터 연동 API 방식으로 본 플랫폼의 지식 데이터베이스와 다른 콘텐츠의 문제(지식) 데이터베이스를 연동하는 표준 연동 방식 정의
- 2단계 : 기존 교육회사, 공공기관 등에 플랫폼과의 표준 연동 방식을 제공하여 맞춤형 교육 콘텐츠 개발 촉진

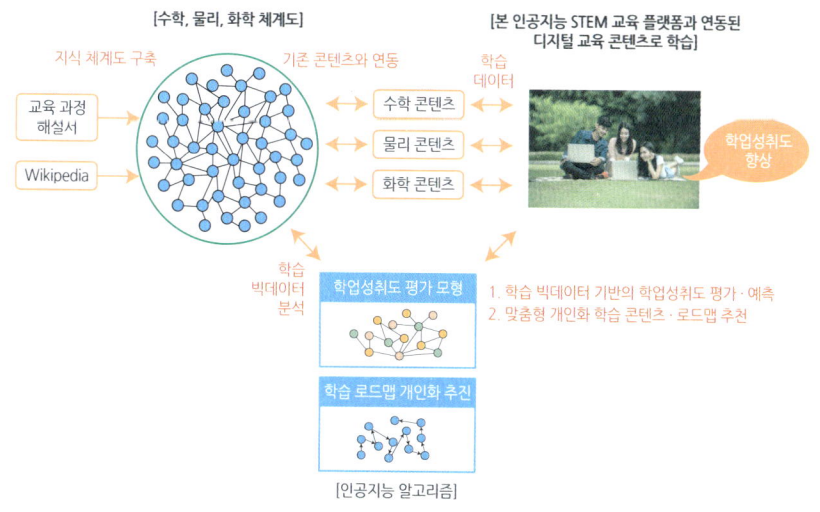

빅데이터와 머신러닝 기반의 학생 맞춤형 인공지능 교육 플랫폼 개념도

- 개발 목표

	핵심 기술·제품 성능지표	단위	성능·성과 목표	국내 최고 수준	세계 최고 수준 (보유국, 기업·기관명)
1	수학, 물리, 화학 지식 데이터베이스로 구성된 지식체계도 구축	개	20,000	-	12,000(미국, Knewton)
2	예측 모델의 정확도*(학업 성취도 평가)	%	90	-	80(미국, Knewton)
3	학생 학업 능력(성취도) 향상도**	%	20	-	12.5(미국, Knewton)
4	교육회사 및 공공기관과의 API 연동 건수	건	2건	-	-

*기존 학습 데이터를 기반으로 모형을 추정하여 지식에 대한 정오(正誤)를 예측한 후, 과거 특정 시점의 실제 정오 여부를 모형의 예측값과 비교

**본 플랫폼을 4개월 이상 활용하여 학습한 그룹(그룹 1)과 대조군으로 본 플랫폼을 활용하지 않고 기존 방식으로 학습한 그룹(그룹 2)의 학생 평균 학업성취도를 비교하여 그룹 2 대비 그룹 1의 학업성취 향상율 도출

3. 지원 기간/예산/추진체계

- 기간 : 2년 이내
- 정부출연금 : 2016년 10억 원 이내(총 정부출연금 23억 원 이내)
- 주관기관 : 중소·중견기업

주관 유형	전략기획 ( ), 창의기획 ( ), 혁신기획 (○)	TRL (4) ~ (7)
과제 특징	정책지정 ( ), 소프트웨어 자산뱅크 등록 대상 ( ), 기술 사업화 적용 (○) 경쟁기획 ( ), 후불형 ( ), 표준화 연계 ( ), 기술료 징수 (○), 공개 소프트웨어 ( )	

산자부 예시 : 2016년도 제7차 산업 핵심기술개발사업 신규 지원 대상 과제 공고

관리번호	2016-지식 서비스-일반-지정-01	기술 분류	중분류 I	중분류 II
과제 성격	원천기술형 (　) 혁신제품형 (○)		연구개발/엔지니어링 서비스	경영 전략/금융/무역 서비스
융합 유형	신제품형 (　), 고부가가치형 (○), 해당 없음 (　)			
신성장동력	ICT 융합 (　), 바이오헬스 (　), 고급 소비재 (　), 신소재 부품 (　), 주력산업고부가가치화 (○), 에너지신산업 (　)			
해당 여부	표준 연계 (　), 디자인 연계 (　), 글로벌 R&D (　), 초고난도 (○), 경쟁형 R&D (　)			
과제명	출하 후 품질 문제 대응을 위한 제조정보 추적관리 및 가시화 서비스 시스템			

1. 필요성

- 제조기술의 보편화 및 글로벌화 등 변화된 환경에서 국내 제조 산업의 경쟁력 확보를 위하여 제품 고급화와 더불어 후발국이 따라올 수 없는 차별화된 품질 경쟁력 확보의 중요성이 크게 부각된다.
  - 소비자 주권이 강화됨에 따라 자동차, 가전 등 주요 제품의 불량은 단순한 비용 문제를 넘어 해당 기업의 신뢰성 문제로 비화되고 기업의 생사에까지 영향을 미치고 있다.
  - 이러한 추세에 대응하여 대기업들은 제조이력 추적관리체계 개발을 통해 품질관리 범위를 확대하고 특정 라인이나 가치사슬 전반의 가시화 수준을 높이려는 시도를 지속하고 있다.
- 가치사슬 전반에 걸쳐 제품의 품질이력 추적관리를 지원하는 요소기술 및 시스템 개발을 위한 정책적인 지원이 필요하다.
  - 가치사슬 말단에 위치한 중소제조기업의 경우, 부품 제조 및 공급 과정에서 정확한 정보 입력 및 공유가 요구되지만, 관련 인프라 및 정보화 체계는 매우 부족한 실정이다.
  - 국내 제조기업 환경을 반영하여 대중소 제조기업들 간의 제품 제조이력 추적관리를 지원하는 핵심 공통 모듈 개발 및 적용 사례 발굴을 위한 지원이 필요하다.

2. 연구 목표

- **최종 목표** : 출하 후 발견된 제품 하자의 원인 규명을 위하여 설비-라인-공장-가치사슬을 연계한 제조정보의 추적관리 및 가시화 지원 서비스 시스템(TRL : [시작] 4단계 ~ [종료] 7단계)

- 가치사슬상의 통합적인 제조이력 추적관리를 위한 프레임워크 개발
  - 가치사슬상의 제조이력 추적관리체계 및 서비스 시스템 모델
  - 가치사슬상에서 공유되는 제조정보 모델 및 통합 데이터베이스 설계
- 출하 후 품질 문제와 관련된 생산·물류 및 품질정보 가시화 기술 개발
  - 시뮬레이션 기반 공정 상태 및 물류 흐름의 재구성·재현 및 가시화 기술
  - 발견된 품질 문제에 대한 제조이력 기반 원인 분석 및 리소스 추적 모델
  - 품질정보 가시화 기술 및 UI 기반 상세 분석 모듈
- 가치사슬 통합 제조정보 추적관리 지원 서비스 시스템 개발
  - 클라우드 환경에서 운영 가능한 제조정보 모델 기반 데이터 수집·분석·활용 시스템 구축
  - 제조정보 추적관리 서비스 시스템의 스마트공장 현장 적용 및 개선 효과 분석
- 개발 목표

	핵심 기술/제품 성능지표	단위	달성 목표	국내 최고 수준	세계 최고 수준 (보유국, 기업·기관명)
1	가치사슬 이력조회 수준 (조회 가능 하위벤더 수)	개	5	N/A	N/A
2	시스템 아키텍처의 상호 운용성 표준 적합성	%	100	N/A	ISO/IEC FDIS 18384, ISO/IEC 17998 등
3	3D 형상 모델 로딩 속도	sec/MB	6	7	5(프랑스, Dassault Systems)
4	출하 후 품질 문제 원인 분석 적중률	%	90	N/A	N/A
5	가치사슬 연계형 적용 효과 보고서	개	1	N/A	N/A

【 참고 】

1. 가치사슬 이력조회 수준 : 출하 후 품질 문제가 발생한 제품(단위 제품 혹은 제품 로트)에 대하여 가치사슬 내 몇 개의 업체들에 대한 리소스를 추적할 수 있는지 이력조회 수준을 측정

2. 시스템 아키덱처의 상호 운용성 표준 적합성 : 가치사슬 통합 제조정보관리 애플리케이션의 시스템 아키텍처가 다양한 시스템들 간의 상호 운용성을 고려한 정보 교환 구조를 가질 수 있도록 상호 운용성 표준을 수용하는 정도를 나타냄.

3. 3D 형상 모델 로딩 속도 : 3D 모델 가시화 엔진의 성능지표로서 가시화 엔진이 3D 형상 모델 1MB를 로딩할 때 소요되는 시간(초)을 측정

4. 출하 후 품질 문제 원인 분석 적중률 : 출하 후 품질 문제에 대한 불량 탐지 모델이 실제 불량을 발생시킨 인자를 찾아내는 능력을 나타내는 지표로서 현장 적용 검증 시 품질 테스트 중 특정 조건으로 불량을 유발시킨 후 모델이 해당 조건을 데이터에 기반하여 자동으로 찾아내는 확률 산출

5. 가치사슬 연계형 적용 효과 보고서 : 개발될 가치사슬 통합 제조정보관리 애플리케이션을 제조공정 실증 사이트에 적용함으로써 적용 이전 대비 개선 수준을 정성적·정량적으로 분석한 보고서로서 성공 모델 실증 사이트에서 관리하는 주요 KPI(핵심성과지표)가 얼마나 개선되었는지를 포함

※ 서비스 사업 모형(BM)을 제시할 것 : 컨소시엄 구성(개발자, 사업자, 사용자 포함), 서비스 시나리오, 목표시장, 영업 전략, 수익 창출 전략 등

3. 지원 기간/예산/추진체계

- 기간 : 30개월 이내(1차연도는 12개월임)
- 정부출연금 : 2016년 10억 원 이내(총 정부출연금 20억 원 이내)
- 주관기관 : 중소·중견기업
- 기술료 징수 여부 : 징수

part 4 자유공모 과제 연구계획서 작성

I. 자유공모 과제 연구계획서 개요

앞서 우리는 정부 R&D 사업에 대한 과제 기획을 하였다. 과제 기획과 연구계획서의 차이는 구체적인 수행 방법, 수행 계획에 있다. 과제 기획은 무엇을 하겠다는 것이고, 연구계획서는 제안하는 업체가 과제 기획상의 연구 내용을 적절한 방법, 절차에 따라서 잘 수행할 수 있는지를 보여주는 것이다.

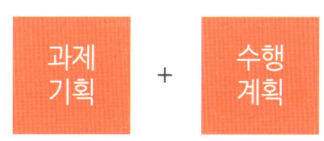

연구(사업)계획서 작성

자유공모 과제는 자유롭게 연구 과제를 제안하는 것으로 앞서 기획한 과제 기획에 수행 계획을 포함하는 것이다. 일반적으로 자유공모 과제는 지정공모 과제와 달리 한 번에 많은 수의 과제를 지원하게 된다.

자유공모 과제를 준비할 때 일반적인 준비 내용은 『정부지원금 받기 프로젝트』(김영모 지음, 황금부엉이, 2015)를 참조하길 바라며, 여기서는 연구계획서 작성법에 대하여 살펴보겠다.

자유공모 과제 연구계획서도 앞서 설명한 과제 기획 내용에 포함되는 것은 같으며, 추가적으로 본 과제를 추진하는 수행 조직에 대한 내용, 수행기관별 업무분장, 사업 수행 일정, 주요 연구인력 이력, 지금까지 수행했던 국가연구개발 과제 참여 실적, 연구시설·장비 보유 및 구입 현황, 기술 개발 활용 및 사업화 방안, 사업비 소요명세 작성 등의 내용이 포함된다.

연구 아이템에 대한 내용은 앞서 과제 기획에서 다루었던 내용을 기반으로 선택하면 된다. 자유공모 과제 연구계획서의 아이템도 최신 트렌드와 정책적인 방향에 맞추어서 선택해야 한다. 이렇게 하여 연구 또는 기술 개발 아이템이 결정되었다면 과제의 명칭을 정해야 한다. 이 또한 앞서 과제 기획 단계의 '과제명 작성하기'에서 설명한 내용을 참조하면 된다.

이 책은 소프트웨어를 개발하는 중소기업 또는 창업자를 위한 책이므로 중소기업청의 창업성장 기술 개발 과제의 양식을 기본으로 각 항목의 내용을 설명하려고 한다.

다음 도표는 창업성장 기술 개발 과제 사업계획서 내용과 앞서 설명한 기획서를 바탕으로 작성한 내용을 비교한 것이다. 따라서 자유공모 과제에서도 위에서와 같은 기획 내용을 바탕으로 사업계획서를 작성할 수 있으며, 일부 내용을 추가하거나 구체적으로 보완해야 하는 부분이 있다. 다음 도표에서 회색으로 표시한 항목은 새롭게 작성해야 하고, 연두색으로 표시한 항목은 과제 기획상의 내용을 구체화하면 된다.

II. 연구계획서 작성하기

그러면 앞서 기획했던 내용을 바탕으로 창업성장 기술 개발 과제의 사업계획서를 작성해 보도록 하겠다. 우선, 가장 먼저 해야 할 일은 연구 주제를 결정하고 과제명을 만드는 것이다. 과제명과 연구 아이템에

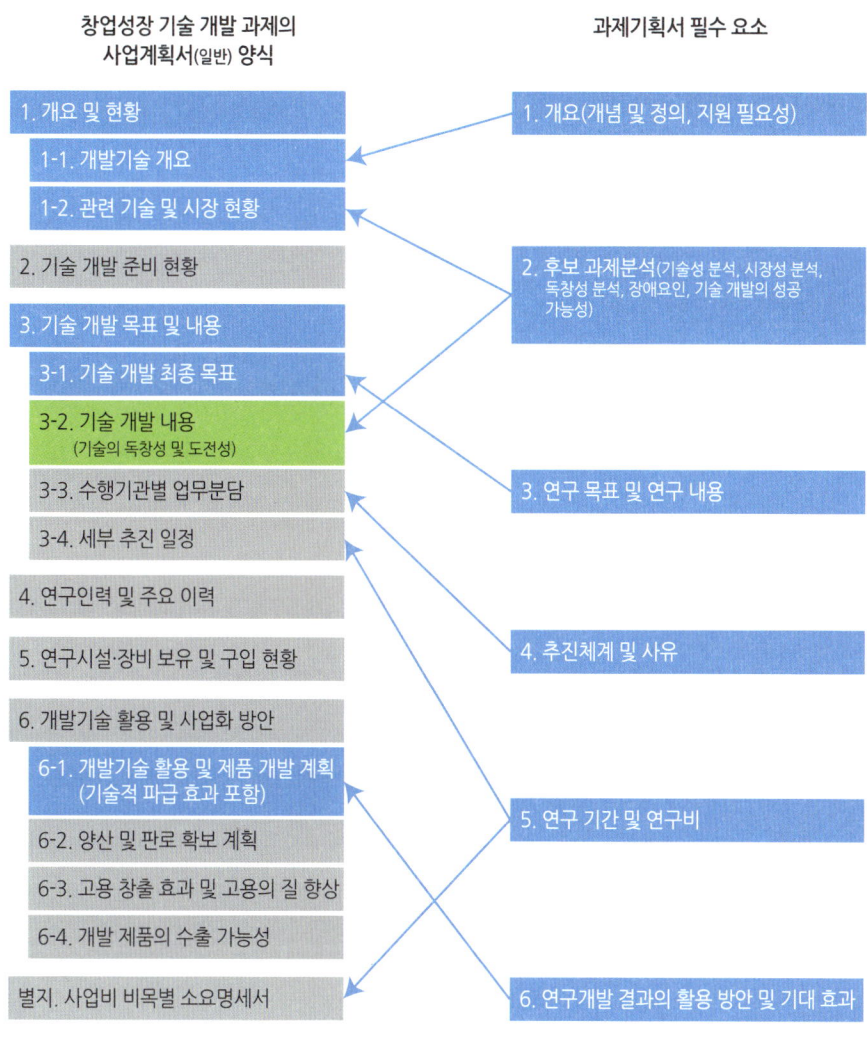

사업계획서와 과제기획서 비교

관해서는 앞서 기술한 '과제명 작성하기'를 살펴보기 바란다.

1. 개요 및 현황 작성하기

개요 및 현황은 앞서 기획에서 작성한 내용을 바탕으로 작성하면 된다.

■ 개요 및 현황

• 기술 개발 개요

본 연구는 HTML5를 활용한 소셜네트워킹 서비스 기반의 e-Learning 인터페이스를 개발하는 것으로 최근 차세대 웹 서비스 개발의 주요 기술로서 각광받고 있는 HTML5를 이용하여 e-Learning 서비스 플랫폼과 소셜네트워크를 연동할 수 있는 인터페이스를 개발하고, 이를 API화하는 것이다.

- HTML5를 이용한 많은 웹 애플리케이션이 만들어지고 있지만, 데스크톱 환경에서는 아직 대중화되어 있지 않으며, 그 이유는 현재 브라우저 점유율에서 가장 큰 위치를 차지하고 있는 인터넷 익스플로러(6.0~8.0)가 아직 HTML5 지원이 미진하기 때문이다.

  ※ HTML5 웹 애플리케이션은 파이어폭스, 크롬, 사파리 같은 타 브라우저를 통해서만 확인이 가능하다.

- 하지만 모바일 환경에서는 아이폰과 안드로이드폰이 HTML5를 잘 지원하고 있는 웹키트 기반의 브라우저를 사용하여 대중화되고 있으며, 구글의 부사장인 빅 군도트라가 "모든 모바일 플랫폼용으로 앱을 만들어 지원하기에는 돈이 없다"라고 말한 것처럼 대부분의 IT 대기업은 HTML5에 집중하겠다고 발표하였고, 많은 앱 개발자들이 웹과 앱이 결합된 하이브리드 앱을 통하여 솔루션을 개발하고 있다.

- 국내에서도 2010년 6월 24일에 공지된 행정안전부 고시 '제2010-40호'를 통해 국민들이 다양한 모바일 기기를 사용할 수 있도록 '모바일 앱' 방식보다 '모바일 웹' 방식을 표준으로 권고하고, 모바일 웹 방식 서비스 개발을 위한 기술 표준 지침을 마련한다.

- 또한 국내 e-Learning 기술은 현재 국가의 핵심기술로 선정되었으며, 일부 업체에서는 해외 수출을 하고 있지만, 기존의 e-Learning은 단방향적이고, 사용자 중심적이지 않다는 문제점이 있었으며, 각각의 해당 콘텐츠에 대한 사용자의 실시간 반응을 반영하지 못하고 있다. 하지만 참여, 개방, 공유라는 웹 기술의 발달과 형식 위주의 학습 방법에서 비형식 위주의 학습 방법으로의 변화로, 강사가 주도하던 기존의 학습에서 벗어나 친구나 동료와의 협력을 통해 학습하고, 특정 시간에 교실과 같은 한정된 공간에서 학습하지 않고 언제, 어디서든 학습 콘텐츠를 접할 수 있는 환경으로 변화하고 있다.

- SNS는 온라인상에서 불특정 타인과 관계를 맺을 수 있고, 이용자들이 인맥을 새롭게 쌓거나, 기존 인맥과의 관계를 강화한다. 전 세계적으로 SNS의 인기는 점점 높아지고 있으

며, 미국 마이스페이스의 2007년 전 세계 순 방문자 수는 5월까지만 1억 954만 명에 달했고, 다른 SNS인 페이스북의 2007년 순 방문자 수는 4,721만 명으로 2006년 대비 235% 성장했으며, 국내에서는 싸이월드가 2003년 SK커뮤니케이션즈의 인수 이후 꾸준한 성장세를 보이고 있다.
- 따라서 급변하는 서비스 환경과 다양한 스마트 환경에서 e-Learning 서비스를 개발하려는 업체나 개발자들이 신속하게 대응할 수 있는 차세대 웹을 기반으로 하는 HTML5를 활용하고 소셜네트워킹 서비스를 제공하는 e-Learning 인터페이스가 필요하다.

관련 기술 및 시장 현황도 앞서 기술한 것과 같이 기술 관련 내용을 조사하여 기술하고, 기술 개발 내용과 관련한 시사점을 항상 작성하도록 한다.

■ 관련 기술 현황

• HTML5 관련 현황
- 국내에서는 2011년 3월 방송통신위원회에서 인터넷 이용 환경 개선 추진 계획을 발표하였으며, 여기에서 웹 표준 전문가 육성을 위한 웹 표준 전문 인증제도를 마련하였고, 100대 사이트의 ActiveX 대체 기술 적용과 HTML5 전환을 지원하는 내용과 웹 표준 우수 웹사이트 및 웹 응용에 대한 포상을 추진, 웹 표준 준수의 다양한 모범 사례와 가이드라인을 개발·보급하였다.
- 또한 HTML5 등 최신 웹 표준 문서에 대한 한글화 및 공동 세미나 등을 개최하고, 이와 함께 국내 W3C HTML5 Korean IG(Interest Group)를 발족해 운영하여 국내 HTML5 요구 사항을 W3C에 반영하고 있다.

출처 : 인터넷 이용 환경 개선 추진 계획(방송통신위원회, 2011. 3.)

- 현재 HTML5 지원 브라우저는 마이크로소프트사의 인터넷 익스플로러 9, 구글의 크롬, 애플의 사파리, 모질라의 파이어폭스 등이 있으며, 각 기능별 지원 현황은 다음과 같다.

HTML5 지원 브라우저 현황

기능	IE	크롬	파이어폭스	사파리	오페라
Canvas	o	o	o	o	o
Video	o	o	o	o	o

기능	IE	크롬	파이어폭스	사파리	오페라
SVG	o	o	o	o	o
Geolocation	o	o	o	o	o
Web Socket	x	o	x	o	x
Web Worker	x	o	o	o	o
Web SQL	x	o	x	o	o

출처 : http://www.browserscope.org

- 국내 업체로는 투비소프트(주)가 사내에 TF팀을 구성해 자사의 엑스플랫폼을 HTML5 기반으로 전환하고 있으며, 이외에도 토마토시스템, 인스웨이브시스템즈, 컴스퀘어 등이 자사의 시스템에 적용하거나 적용 예정에 있다.

 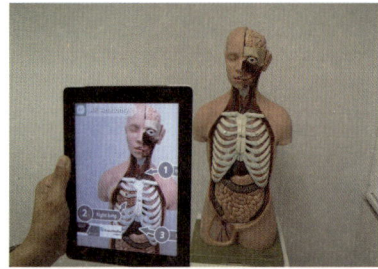

다양한 방법을 이용한 증강현실 학습기술

출처 : 한국전자통신연구원, 'e-Learning 기술 동향'(2011년)

- e-Learning 현황 [『e-Learning 기술 동향』, 한국전자통신연구원, 『전자통신 동향 분석』 제26권 제1호(2011)]
  - 증강현실 학습기술 : 광주과학기술원에서 개발한 디지로그 북은 『범종』과 『홍길동전』 등과 같은 고전 소설책에 증강현실 기술을 이용하여, 책 속 주인공의 모습을 입체화하고, 생생한 음향까지 즐길 수 있는 새로운 개념의 전자책 기술을 개발하여 상용화를 준비 중이며, 한국전자통신연구원(ETRI)은 자체적으로 마커, 하이브리드, 마커리스 인식기술뿐만 아니라, 비전문가도 손쉽게 증강현실 콘텐츠를 제작할 수 있는 저작도구를 포함하는 실감형 학습 시스템을 위한 증강현실 솔루션을 구축하여 시범 서비스 중이다.
  - 가상체험 학습기술 : 학습자 영상 추출기술과 인체 추적 및 제스처 인식기술이 가장 대표적이다. 학습자 영상 추출기술은 다양한 방법이 시도되고 있지만, 클러스터링 기술 기반의 K-means, Codebook 기술은 구현 복잡도가 낮아 다양한 시스템에서 사용되고 있으며, PFinder는 실시간으로 사람을 추적하고 그들의 동작을 해석하는 시스템으로 다

중 클래스 통계 모델에 기반하여 영상의 컬러 정보와 형태를 이용해 인물의 머리, 손 형태를 구조화하는 기술까지 인체 추적 및 제스처 인식기술이 발달되어 있다.
- 맞춤형 학습기술 : 주기적인 점검(학력진단검사나 학습양식검사)을 통하여 학습자의 수준을 판단하거나 문제은행 방식으로 학습자 수준을 진단하기도 하며, 가정교사가 방문하여 진단하는 등의 서비스가 제공되고 있다.

• SNS 서비스 현황
- 싸이월드는 현재 약 2,400만 명의 가입자를 보유한 절대 강자에 속하며, 인맥을 기반으로 한 세계 최초의 SNS 서비스로 글, 그림, 사진 등 거의 모든 것의 공유가 가능하며, 도토리를 바탕으로 한 수익 모델 창출에 성공하였다.
- 한국형 트위터라 불리는 네이버의 미투데이, 다음의 마이피플, 네이트의 네이트 커넥팅이 있으며, 비즈니스에 특화된 '링크나우'가 있다. 하지만 잦은 경쟁 및 트위터나 페이스북 등 외국의 SNS 서비스에 밀려 고전을 면치 못하고 있다.

• 매시업 기술 현황
- 매시업 분야는 전 세계적으로 각광을 받고, 이제 태동에서 발전하는 단계에 와 있으나, 국내에서는 아직 프로토타입 정도의 서비스가 제공되어 있는 실정이다.
- 최근 잘레시아에서 비즈니스 인텔리전스 솔루션을 출시하여 다양한 상황에서 복합적이고 종합적인 사용자 중심의 정보 이용 및 가공이 가능하고 투비소프트는 데이터의 흐름을 자동화하여 실시간으로 획득·융합·가공할 수 있도록 지원하는 엔터프라이즈 매시업 서버 솔루션을 서비스하고 있다.
- 아직 시장 초기 단계이며, 중소기업의 다양한 시도만 있을 뿐 상용화되어 안정화 단계의 사업자는 없는 실정이고, 한국전자통신연구원에서 상용화가 가능한 여러 서비스를 시도하는 단계이다.

오픈 API 기반의 SNS 서비스

- 시사점 : e-Learning 분야에서도 손쉽게 이들 서비스를 활용할 수 있는 API 필요
  - 상기의 기술을 e-Learning/u-Learning 시스템에 적용하는 서비스가 차츰 시험 버전 형태 및 정부기관 주도의 테스트 서비스 형태로 이루어지고 있지만, 아직 로드맵이나 기술적인 형태의 서비스로서 의 한계를 지니고 있다.
  - 한양대학교에서 기존의 SNS 서비스(페이스북)를 바탕으로 하여, 과제 및 활동 모니터링, 멘토링 등 다양한 방법으로 학습 효과 및 능률에 대한 테스트를 했는데, 학습자는 높은 학습 능률 및 학습 효과를 나타냈으나* 콘텐츠와 연계되지 못하는 한계가 있으며, u-Learning 전용 SNS를 개발할 경우 더욱 효과가 높을 것으로 판단된다.

    ※ 한양대학교 ERICA캠퍼스 윤영민 교수, 2010년 정보 사회학 과목 학습 시 적용

■ 국외 관련 기술 현황

- HTML5 현황
  - W3C는 2009년 7월 XHTML2의 사양 제정 중단과 차세대 웹 표준으로 HTML5의 표준화에 주력하겠다고 밝혔으며, 차세대 웹 표준인 HTML5를 당장 적용하기보다는 2~3년의 안정화 기간을 거치는 것이 필요하다고 밝히고, 최근 주요 웹 브라우저 업체들과 개발자들이 HTML5를 도입·상용화하는 것에 대해 우려하고 있다. W3C는 2011년 5월에 HTML5 초안에 대한 최종 버전을 확정하고, 2011년 말 최종안을 정한 후 2014년 1분기까지 테스트 및 브라우저 업체들의 피드백을 받아, 2014년 2분기에는 HTML5 표준을 확정할 예정이다.
  - 구글은 2010년 5월 구글의 I/O개발자 콘퍼런스에서 HTML5를 통해 플러그인의 사용이 줄어들고 프로그램 다운로드 및 설치가 필요 없는 브라우저 기반 웹 플랫폼 환경이 점차 구현되고 있다고 강조했고, 애플은 2007년 6월 29일 미국에 출시된 아이폰과 2010년 4월 3일 북미 지역에서 출시된 아이패드(iPad)에서 처리 속도를 지연시키는 플래시(Flash)를 지원하지 않고 HTML5를 이용하여 웹 브라우저에서 오디오, 동영상, 그래픽 작업 등을 구현하겠다고 했다.
  - 또한 마이크로소프트도 웹의 상호호환성을 지원하는 차세대 웹 표준인 HTML5를 적극 지원한다고 밝혔다. 각 해외 주요 업체는 업체별 적용 사례 및 직접 체험할 수 있는 사이트 등의 레퍼런스 사이트를 제공하고 있으며, 업체별 현황은 다음 표와 같다.

해외 주요 업체별 HTML5 적용 현황

주요 업체	적용 내용
구글	오픈 아키텍처인 Google Gears를 포기하고 HTML5를 적극 지원, 현재 플래시 구동이 필요 없는 HTML5 기반의 유튜브 서비스 제공 (http:// www.youtube.com/html5)
애플	브라우저인 사파리를 통해 HTML5 및 CSS3 등 HTML5의 모든 기능을 이용할 수 있도록 지원[HTML5 체험 사이트(http://www.apple.com/html5/)]하고, 다양한 장르의 웹 애플리케이션을 직접 체험할 수 있는 사이트 제공(http://www.apple.com/webapps/)
마이크로소프트	인터넷 익스플로러 9 버전부터 HTML5를 지원하며, 웹 표준 중심으로 설계, HTML5 데모 체험 사이트 제공(http://ie.microsoft.com/testdrive)
모질라	모바일 파이어폭스에서 HTML5, JavaScript를 비롯한 최신 기술을 지원하고, Web O'Wonder라는 최고의 웹 기술 데모를 모은 사이트 제공 (https://demos.mozilla.org/ko/)

출처 : 한국교육학술정보원, 웹 표준언어(HTML5) 동향 및 전망 각색(2011년)

- u-Learning 현황

– 증강현실 학습기술 : 토털 이머전(Total Immersion)과 메타이오(Metaio)는 각각 자사의 증강현실 개발 도구인 D'Fusion, Unifeye SDK를 통해 마커 및 마커리스 인식기술을 제공 및 판매 중이다. 옥스퍼드의 액티브 비전 연구실에서는 두 개의 스레드를 사용하여 평면적인 물체를 인식하고 자세를 추정하던 것에서 벗어나 작은 실험 공간에서 카메라의 자세를 실시간으로 데스크톱뿐만 아니라 모바일에서도 추정이 가능한 PTAM 기술을 개발하였다.

– 시뮬레이션 학습기술 : 미국은 미국국립과학재단(NSF)의 지속적인 지원으로 인터랙티브 3D 학습 환경 등 다양한 분야에 시뮬레이션 학습기술을 접목 중이다. 콜로라도대학교 PhET프로젝트를 지원하여 자연현상을 상호작용할 수 있는 시뮬레이션 프로그램을 개발하여 학습자에게 제공 중이다. 또한 3D 교육 시뮬레이션 소프트웨어 회사 FORGEFX는 학습자들의 학습 능률을 높일 수 있는 항공기 결빙 제거 훈련 시뮬레이션, 돼지 농장 훈련 시뮬레이션과 같은 다양한 인터랙티브 3D 시뮬레이션 기술을 개발하였다.

– 맞춤형 학습기술 : Andes, PAT, AnimalWatch, WayYang Outpost 등의 프로젝트가 진행되었거나 진행 중에 있으며, 특정 학습 영역에서 문제 중심의 자동적이고 지능화된 진단 및 피드백 기능을 제공하고 있다.

– 협력형 학습기술 : 독일의 LBI 시스템은 RFID 기술을 사용하여 사용자들이 부가적인

장치를 사용하지 않고도 공동 작업 공간에서 협동 학습이 가능하도록 구성했다. BSCW는 토론 및 프로젝트 학습 시스템으로 개발되어 협력 학습 공간에 참여한 학습자들 간의 상호작용 정보를 제공하는 형태로 협력 학습을 촉진하며, 자료 올리기, 북마크, 그룹 구성, 필기하기, 검색하기, 토론방 만들기, 자료 보관함, 일정표, 주소록, 자료 보관 등의 기능을 제공한다.

- SNS 서비스 현황
  - 미국은 초기 마이스페이스를 시작으로 페이스북, 트위터, 링크드인 등 다양한 SNS 서비스를 가지고 있으며, 이용자 수가 1억 명이 넘는 메가급 SNS 서비스가 다수 존재한다. 다양한 플랫폼 및 플랫폼 개방을 필두로 구글, 마이크로소프트 등 기존의 IT 업체도 참여 중이다.

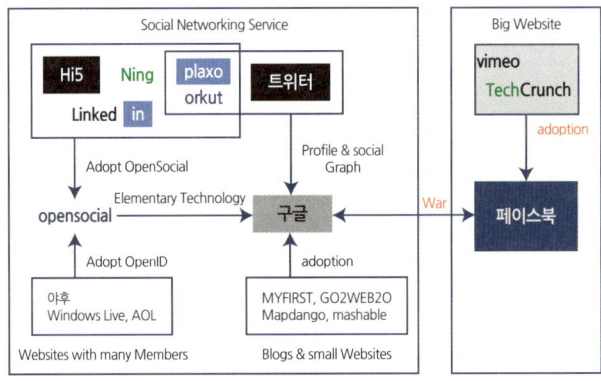

해외 SNS 플랫폼 현황

출처 : Maraharu Osako, Social Web Platfrom Wer Overview(2008년)

  - 일본은 믹시(mixi)를 필두로 8,000만 명의 이용자에게 서비스를 제공하고 있으며, 그리(GREE)가 추격하는 형태의 구도를 그리고 있다. 특징적인 점은 모바일 SNS가 발달해 있으며, 국민적 니즈와 다양한 사업의 진입 용이 등이 이러한 생태계를 만드는 것으로 보인다는 것이다. 오픈형의 2세대 모델보다는 폐쇄적인 1세대 모델에 머물러 있는 실정이다.

국가별 SNS 특징 비교·분석

	한국	미국	일본
주요 업체	싸이월드, 피플투, 링크나우, 토씨 등	페이스북, 마이스페이스, 트위터, 하이파이브(Hi5) 등	그리, 믹시, 모바게 타운(Mobage town) 등

	한국	미국	일본
이용층	• 10~30대가 주고객	• 다양한 연령층대로 다양한 서비스 존재	• 다양한 연령층대로 다양한 서비스 존재
특성	• 도토리 수익 모델 • 모바일 SNS • 개방-폐쇄 중간 단계	• 비즈니스 차원의 SNS 활발	• 모바일 SNS 강세 • 폐쇄적 운영 모델 • 2008년 이후 발전 주춤

출처 : IT 정책연구 시리즈, 「한·미·일 SNS 서비스 비교분석」,(국가정보화 기획단)(2011년)

- 매시업 기술 현황
  - 미국은 전 세계에서 매시업 서비스가 가장 활성화되어 있고, 다양한 서비스 시도가 이루어지고 있으며, Progammableweb에 있는 오픈 API 2,900여 개와 5,600여 개의 매시업 서비스가 운영되고 있다.
  - 그중 구글의 맵 오픈 API를 바탕으로 한 지도 서비스가 가장 각광받고 있으며, 광고 및 쇼핑 등 다양한 시장을 중심으로 매시업 서비스가 나아가고 있다.
  - 매시업 서비스는 세계적인 IT 컨설팅 업체인 가트너의 주요 기술 하이프 사이클에서도 버블기가 끝나고 안정화 단계에 있으면서 아직 시장이 초기에 있는 시점이라 앞으로 개발 가능하고, 발전 가능성을 더 높게 평가하고 있다.
- 시사점 : e-Learning 분야에서도 관련 기술을 결합·활용해야 한다.
  - 오픈 API의 발전과 SNS 기반 서비스의 확대로 쇼핑, 광고, 생활정보 등 다양한 분야의 서비스가 나타나고 있는 실정이다.
  - 하지만 교육 분야의 적용은 상기의 통계나 자료에서 보듯이 아직 미미하거나 거의 없는 실정이다.
  - 나양한 오픈 API 접목이나, 학습자의 수용도 및 수준에 맞는 개별화된 서비스가 가능하기 때문에 기술을 개발할 필요성이 큰 실정이다.

지식재산권 확보 및 회피 방안에 대해서는 과제 기획의 경우 과제 기획 당시에 이를 특허사무소를 통하여 검토하지만, 자유공모 과제의 경우 미처 시간을 할애하지 못하여 작성하지 못하는 경우가 있다.

우선적으로 국내특허라도 검토해야 하므로 선행특허 회피우회를 위한 절차대로 수행하도록 한다.

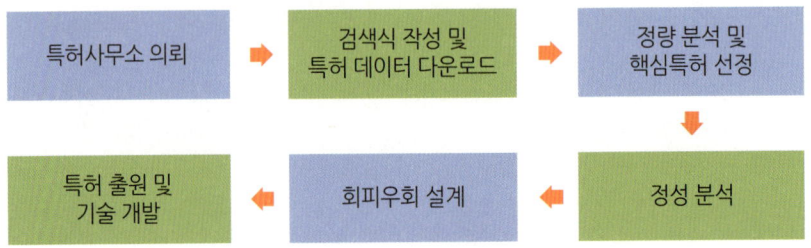

선행특허 회피우회 방법

① 검색식 작성 및 특허 데이터를 다운로드한다.
- 분석기술 및 키워드를 작성한다.
- 선행기술 조사에 의해 검색된 특허 중 본 기술(사용자 맞춤학습 서비스)과 관련된 핵심특허를 선정한다.

② 정량분석 및 핵심특허를 발굴한다.
- 선행기술 조사에 의해 검색된 특허 중 본 기술(사용자 맞춤학습 서비스)과 관련된 핵심특허를 선정한다.

③ 핵심특허 분석 및 회피우회 설계
- 핵심특허 내용을 바탕으로 회피우회를 설계하고, 이에 따라 시스템을 설계 및 구현한다.

④ 특허 출원 및 기술 개발
- 핵심특허 우회회피 설계 내용을 바탕으로 특허 출원한다.
- 우회회피 설계 내용을 바탕으로 기술 개발한다.

국내외 관련 지식재산권 현황

지식재산권명	지식재산권 출원인	출원국/출원번호
강의 조합에 의한 온라인 맞춤형 학습 방법	(주)채널큐	한국/10-0675438
양방향 모바일 학습 시스템 및 그 실행 방법	(주)에스케이텔레콤	한국/10-2007-0109632
모바일 기기를 이용한 학습 시스템 및 그 방법	(주)미디어워크	한국/10-2006-0079284

| IPTV를 이용한 학교 정보 및 학습능력 평가 서비스 제공 시스템 및 그 방법 | (주)보림디엘아이 | 한국/10-2008-0016953 |

※ 본 기술·제품과 직접적 경쟁 관계에 있는 국내외 기관·기업의 지식재산권 관련 내용을 기입

- 검색어(keyword) : [(SNS or Social Network Service or 커뮤니티) and (Learning or 학습 or 강의) and (맞춤 or 개인화 or 개별화)] 강의

- 특허 검색 엔진 : WIPS

- 특허 검색 결과 화면(49건의 특허 검색)

■ 기술 개발 차별화 및 선행특허 회피 전략

※ 지식재산권 확보 방안 또는 기존 지식재산권에 대한 회피 전략에 대해 명기

※ 기존 제품(기술) 대비 차별화가 가능한 핵심기술에 대해 명기

- 선행특허 회피 전략 수립
  - 핵심특허 회피우회 설계
  - 핵심특허 회피우회를 바탕으로 시스템 설계 및 구현
- 우회회피 설계를 바탕으로 특허 출원 및 기술 개발
  - 핵심특허 우회회피 설계 내용을 바탕으로 특허 출원
  - 우회회피 설계 내용을 바탕으로 기술 개발

예시 ❶ 강의 조합에 의한 온라인 맞춤형 학습 방법의 회피 전략

강의 조합에 의한 온라인 맞춤형 학습 방법은 ①온라인 서버에 구비된 제어수단이 소정의 방법으로 학습자의 학습 수준을 파악하는 학습 수준 파악 단계, ②상기 제어수단이 상기 파악된 학습 수준에 해당하는 강의, 문제, 해설 동영상을 조합 데이터베이스에서 실시간으로 추출 및 조합하여 학습자별 수준 강좌를 제작하고 상기 학습자에게 상기 수준별 강좌를 제공하는 학습자별 수준 강좌 제공 단계, ③상기 제어수단이 상기 학습자별 수준 강좌 제공 단계에서 제공된 학습자별 수준 강좌에 대한 상기 학습자의 이해도 또는 성취도를 테스트하는 성취도테스트 단계, ④상기 제어수단이 상기 성취도테스트의 결과를 기초로 상기 학습자의 취약 학습 분야를 분석하는 취약 학습 분야 분석 단계, ⑤상기 제어수단이 상기 분석된 취약 학습 분야에 맞는 강의, 문제, 해설 동영상을 조합 데이터베이스에서 실시간으로 추출 및 조합하여 맞춤형 강좌를 제작하고 상기 학습자에게 상기 맞춤형 강좌를 제공하여 상기 학습자의 취약 학습 분야를 학습시키는 맞춤형 학습 단계, ⑥상기 제어수단이 상기 맞춤형 학습 단계에서 제공된 맞춤형 강좌에 포함된 문제의 풀이 결과를 분석하는 단계, ⑦상기 분석된 결과가 소정의 성취 기준에 해당하지 않은 경우 상기 맞춤형 강좌에 포함된 문제의 풀이 결과를 기초로 상기 학습자의 취약 학습 분야를 분석하고 상기 분석된 취약 학습 분야를 이용하여 상기 맞춤형 학습 단계를 수행하도록 제어하는 반복학습 단계 및 상기 제어수단이 상기 맞춤형 학습 단계에서 제공된 맞춤형 강좌에 포함된 문제의 풀이 결과를 분석하여 상기 분석된 결과가 소정의 성취 기준에 해당하는 경우 상기 학습자의 선택에 따라 상기 학습자에게 제공된 맞춤형 강좌에 대비하여 보다 내용이 심화된 강의, 문제, 해설 동영상을 상기 조합 데이터베이스에서 실시간으로 추출 및 조합하여 심화학습 강좌를 제작하고 상기 학습자에게 상기 심화학습 강좌를 제공하는 심화학습 단계를 포함하는 것을 특징으로 하는

강의 조합에 의한 온라인 맞춤형 학습 방법

⇨ 회피 전략으로는 상기 특허가 개발 대상을 맞춤형 강좌에 한정하고 있는 특허이나, 본 사업에서 목표로 하고 있는 SNS 서비스를 기반으로 하는 집단지성을 이용한 사용자별 맞춤학습 애플리케이션과는 그 영역이 다르므로 문제가 없다고 판단된다.

예시 ❷ 양방향 모바일 학습 시스템 및 그 실행 방법의 회피 전략

이동통신망을 이용한 모바일 교육 서비스에 관한 것으로, 특히 이동통신망을 이용하여 학생들이 통학 버스 또는 학원 버스 등으로 이동하는 중에도 개인 맞춤형 교육 서비스가 가능하도록 하는 양방향 개인 맞춤형 모바일 학습 시스템 및 방법. 이동통신망을 통해 수신되는 모바일 학습 콘텐츠를 화면에 디스플레이한 후, 해당 화면에 따른 사용자의 응답을 상기 이동통신망상 모바일 학습 서버로 전송하는 이동통신 단말기와 상기 이동통신 단말기상에서 구현 가능한 모바일 학습 콘텐츠를 제작하여 제공하는 모바일 학습 콘텐츠 제작자와 상기 모바일 학습 콘텐츠 제작자에 의해 업로드되는 모바일 학습 콘텐츠를 상기 이동통신 단말기 플랫폼에 맞도록 변환시켜 제공하고, 각 이동통신 단말기 사용자로부터의 응답을 수신하는 모바일 학습 서버를 포함하는 양방향 모바일 학습 시스템

⇨ 회피 전략으로 모바일 서비스를 위하여 콘텐츠와 이에 대한 응용 프로그램을 구현하고 다운로드하기는 하지만, 본 사업의 기술은 스마트폰 환경에서 동영상 강좌 콘텐츠를 저작하고 소비하는 애플리케이션과 콘텐츠에 대한 평가를 SNS 연동 애플리케이션을 통하여 수행하므로 그 대상에 차이가 있어 문제가 없다고 판단된다.

예시 ❸ IPTV를 이용한 학교 정보 및 학습 능력 평가 서비스 제공 시스템 및 그 방법의 회피 전략

가입자로부터 IPTV를 통해 학교 정보 및 학습 능력 평가 서비스 제공 시스템에 학교 정보 또는 학습 능력 평가와 관련된 정보를 요구하는 신호가 있는 경우, 해당 정보를 무료 또는 유료로 제공하는 시스템으로서 가입된 모든 회원에게 무료로 제공되는 서비스를 관리하며, 상기 가입자의 해당 학교로부터의 알림장, 학사 일정, 학업 성적표 및 긴급 공지사항을 제공하는 커뮤니티 관리 서버; 유료 회원을 대상으로 제공되는 서비스를 관리하는 것으로 상기 가입자의 각 개인별 학습관리 노트 서비스와 개인별 학습 능력 진단 및 평가 서비스를 제

공하는 학습 및 평가 관리 서버; 상기 커뮤니티 관리 서버와 상기 학습 및 평가 관리 서버를 제어하며, IPTV 방송과 관련된 콘텐츠 관리, 회원정보 관리, 스트리밍, 멀티캐스팅을 수행하는 IPTV 미디어 관리 서버; 상기 IPTV 미디어 관리 서버와 인터넷을 통해 접속되며, 상기 IPTV 미디어 관리 서버로부터 전송되는 각종 정보 및 신호를 수신하여 TV 모니터를 통해 디스플레이될 수 있도록 변환하는 IPTV 셋톱박스 및 상기 IPTV 셋톱박스와 전기적으로 접속되며, 일반 TV 방송국으로부터 제공되는 지상파 TV 방송 프로그램에 따른 비디오 및 오디오 신호와 상기 IPTV 셋톱박스를 거쳐 입력되는 비디오 및 오디오 신호를 출력하는 IPTV를 포함하는 것을 특징으로 하는 IPTV를 이용한 학교 정보 및 학습 능력 평가 서비스 제공 시스템

⇨ 회피 전략으로 사용자에게 제공하는 각종 정보를 커뮤니티를 이용하여 제공하지만, 본 사업에서는 SNS를 이용하여 사용자에게 필요한 각종 정보를 커뮤니티 형태가 아닌 사회적인 인맥(선생님, 친구, 타 지역의 학습자, 강사)을 통하여 서비스하고 직접 동영상 강좌를 저작할 수 있는 서비스를 제공하므로 문제가 없다고 판단된다.

목표시장의 경쟁 현황 작성은 과제 기획 당시 조사한 내용을 작성하면 되고, 추가적으로 해외 및 대기업의 독점 등으로 인해 진입장벽이 있는 경우 이에 대한 극복 방안을 서술할 수 있다.

- **목표 시장의 경쟁 현황**

국내외 e-Learning 시장 규모

구분	현재의 시장 규모(2010년)	예상 시장 규모(2015년)
세계시장 규모	514억 4,200만 달러(추정)	882억 9,200만 달러(추정)
국내시장 규모	2조 2,458억 원(집계)	2조 8,662억 원(추정)
산출 근거	한국콘텐츠진흥원, 2010 해외 콘텐츠 시장 조사(지식정보콘텐츠)(2010. 12. 31.) 정보통신산업진흥원, 2010 e-Learning 산업 실태 조사(2011. 3. 29.)	

- 세계 e-Learning 시장을 권역별로 살펴보면 2010년 514억 4,200만 달러로 전년 대비 약 16.7% 성장한 것으로 나타나며, e-Learning 시장의 성장률이 다른 부문에 비하여 특히 높게 나타나는 것은 통계가 없거나 극히 적어서 과거 추정이 불가능하였던 시장이 다수 추

가됨에 따라 나타난 현상으로 추정된다.

- 향후 성장률은 점차 감소할 것으로 예상된다. 향후 5년간 연평균 11.4% 성장하여 2015년에는 약 882억 달러 규모로 성장할 것으로 예측된다. 특히 모바일 시장의 경우, 향후 5년간 연평균 약 20.7% 성장하여 2015년 약 92억 달러 규모로 성장할 것으로 예측된다.

e-Learning 시장 권역별 규모 및 전망(2005~2015)

(단위 : 백만 달러)

구분	2005	2006	2007	2008	2009	2010	2011	2012	2013	2014	2015	2010~2015 CAGR
전체	16,043	23,028	29,501	36,702	44,072	51,442	58,812	66,182	73,552	80,922	88,292	11.4%
북미권	3,953	5,485	7,064	8,511	10,120	11,742	13,276	14,823	16,364	17,889	19,790	11.0%
유럽권	6,987	10,011	12,719	15,647	18,708	21,674	24,692	27,705	30,693	33,697	36,807	11.2%
아시아권	4,122	6,071	7,798	10,079	12,254	14,505	16,773	19,019	21,279	23,522	25,144	11.6%
오세아니아권	281	410	513	646	783	917	1,057	1,201	1,351	1,510	1,706	13.2%
중남미권	409	617	820	1,062	1,303	1,551	1,802	2,064	2,331	2,601	2,935	13.6%
중동아프리카권	293	434	587	756	904	1,053	1,212	1,370	1,535	1,703	1,910	12.6%
전년 대비 성장률		43.5%	28.1%	24.4%	20.1%	16.7%	14.3%	12.5%	11.1%	10.0%	9.1%	
모바일 시장	802	1,151	1,475	1,835	2,204	3,601	4,787	5,705	5,884	7,283	9,227	20.7%

출처 : eMarketer, 2009; Informa, 2009; GIA, 2010

- 국내 e-Learning 사업자의 2010년 총 매출액은 2조 2,458억 원으로 집계되었으며, 2009년 e-Learning 매출액 2조 9백억 원 대비 7.4% 증가해 전년 대비 다소 주춤하였으나 꾸준한 성장세를 이어 갔음을 확인할 수 있다. 2010년 시장 규모를 기준으로 향후 e-Learning 시장 전망에 대해 모든 사업 분야에서 긍정적인 응답이 있었으며, 콘텐츠 사업의 성장에 대한 낙관 전망률이 52.9%로 가장 높게 응답되었다.

국내 e-Learning 시장 규모 추이

(단위 : 백만 원, %)

연도	시장 규모	전년 대비 증가액	전년 대비 성장률
2003	1,077,041	–	–
2004	1,298,484	221,443	20.6
2005	1,470,817	175,333	13.3
2006	1,617,797	146,980	10.0
2007	1,727,057	109,230	6.8
2008	1,870,475	143,418	8.3
2009	2,091,033	220,558	11.8

연도	시장 규모	전년 대비 증가액	전년 대비 성장률
2010	2,245,833	154,800	7.4

출처 : 정보통신산업진흥원, 2010 e-Learning 산업 실태조사(2011. 3. 29.)

국내외 주요시장 경쟁사

경쟁사명	제품명	판매 가격(천 원)	연 판매액(천 원)
㈜궁것질 커뮤니케이션	궁금한 것 질문하기	1개월(50) 질문 10회 이용(20)	1,200,000
㈜워터베어 소프트	잉글리시 리스타트 시리즈, 모질게 듣기만 시리즈, 요럴 땐 영어로 뭐라고?(영어, 일본어, 중국어 어학 앱)	앱 스토어($1.99)	1,000,000
포도트리	Who?-세계인물학습만화, 슈퍼 0.99 영단어 3만, 큐브 독, 오즈의 마법사(전자책 및 교육용 앱)	앱 스토어(무료) 앱 자체 구매(50)	700,000

※ 본 기술·제품과 직접적 경쟁 관계에 있는 국내외 기관·기업의 제품 등을 명기할 것

2. 기술 개발 준비 현황 작성하기

기술 개발 준비 현황은 제안하는 업체의 기술 개발 준비 현황을 작성하는 것이기 때문에 앞서 과제 기획에서는 고려하지 않았던 내용이다.

기술 개발 준비 현황은 너무 많은 준비가 되어 있으면 지원을 안 해줘도 자생적으로 할 수 있겠다는 평가를 받을 수 있고, 너무 적게 준비하면 준비가 부족하다는 의견이 있을 수 있기 때문에 대략 전체 공정의 30% 이하로 작성하도록 한다.

■ 기술 개발 준비 현황
- 선행연구 결과 및 애로사항
  - 기초기술 확보
    · SNS(페이스북, 트위터, 미투데이 등) API 기능 분석
    · HTML5 기능 분석
    · e-Learning용 API 기능 분석

> - ·PHP, JAVA 언어를 이용한 e-Learning 기술 확보
> - ·스마트 기기에 적용 가능한 앱 기술 확보
> - ·하이브리드 앱 기능 분석
> - 레퍼런스 사이트를 위한 참고 사이트 개략 분석
>   - ·페이스북, 트위터, 미투데이 SNS 기능 분석
>   - ·EBS 사이트 인터넷 강좌 기능 분석
>   - ·각 인터넷 강의 사이트 인터넷 강좌 기능 분석
>   - ·하이브리드 앱(PhoneGap, Titanium) 기술 테스트 및 기능 분석
> - 기술 개발 애로사항
>   - 개발하려고 하는 e-Learning 기술에 대한 API를 만들기 위해서는 많은 솔루션 및 각종 서비스에 대한 분석이 필요하다.
>   - 각 서비스사의 협조가 잘 이루어지지 않을 것으로 사료되지만, TTA 표준화, e-Learning 협회 활동 등을 통하여 기술 개발 및 적용에 대한 애로사항을 극복하려고 한다.

보안 등급을 작성할 때는 제안하는 과제가 보안과제로 보호받아야 하는 과제인지 일반과제인지 판단하고, 보안과제로 신청하려고 하는 경우 타당한 사유와 관련 증빙자료도 첨부해야 한다.

> ※ 보안과제의 유형 : 세계 초일류 기술 제품의 개발과 관련되는 연구개발 과제, 외국에서 기술 이전을 거부하여 국산화를 추진 중인 기술 또는 미래 핵심기술로서 보호의 필요성이 인정되는 연구개발 과제, 「산업기술의 유출 방지 및 보호에 관한 법률」 제2조제2호의 국가 핵심기술과 관련된 연구개발 과제, 「대외무역법」 제19조제1항 및 같은 법 시행령 제32조의2에 따른 수출 허가 등의 제한이 필요한 기술과 관련된 연구개발 과제, 그 밖에 연구개발 과제 평가위원회에서 보안과제로 분류되어야 할 사유가 있다고 인정되는 과제

보안 등급

보안 등급	■ 보안과제	□ 일반과제
분류 근거	「산업기술의 유출 방지 및 보호에 관한 법률」 제2조제2호의 국가 핵심기술과 관련된 연구개발 과제	

제안하는 연구개발 기술은 국가 핵심기술로서 증빙자료를 첨부한다.

국가 핵심기술 개정 고시

산업통상자원부 고시 제2015-186호

「산업기술의 유출 방지 및 보호에 관한 법률」 제9조에 따라 국가 핵심기술을 다음과 같이 개정 고시합니다.

2015년 9월 7일

산업통상자원부 장관

국가 핵심기술 개정 고시

1. 국가 핵심기술 정의

국내외 시장에서 차지하는 기술적·경제적 가치가 높거나 관련 산업의 성장 잠재력이 높아 해외로 유출될 경우에 국가의 안전보장 및 국민 경제의 발전에 중대한 악영향을 줄 우려가 있는 산업기술로서 「산업기술의 유출 방지 및 보호에 관한 법률」 제9조에 따라 지정된 산업기술

2. 국가 핵심기술 선정 기준

○국가 안보 및 국민 경제에 미치는 파급 효과, 관련 제품의 국내외 시장점유율, 해당 분야의 연구 동향 및 기술 확산과의 조화 등을 종합적으로 고려

3. 국가 핵심기술 목록 : 별지와 같음.

부 칙

1. 이 고시는 고시한 날로부터 시행한다.
2. 이 고시 시행에 따라 산업통상자원부 고시 제2013-120호(2013. 10. 25) 국가 핵심기술은 폐지한다.

국가 핵심기술 목록

분야	국가 핵심기술
전기전자 (11개)	40나노급 이하 D램에 해당되는 설계·공정·소자기술 및 3차원 적층 형성기술
	40나노급 이하 D램에 해당되는 조립·검사기술
	30나노급 이하 낸드플래시에 해당되는 설계·공정·소자기술 및 3차원 적층 형성기술
	30나노급 이하 낸드플래시에 해당되는 조립·검사기술
	8세대급(2,200×2,500mm) 이상 TFT-LCD 패널 설계·공정·제조(모듈 조립 공정기술은 제외)·구동기술
	30나노급 이하 파운드리에 해당하는 공정·소자기술
	AMOLED 패널 설계·공정·제조(모듈 조립 공정기술은 제외)기술
	전기자동차용 고에너지밀도(200Wh/kg 이상)·고온안전성(섭씨 50도 이상) 리튬 이차전지 설계기술
	모바일 애플리케이션 프로세서 SoC 설계·공정기술
	LTE/LTE_adv Baseband Modem 설계기술
	와이브로 단말 Baseband Modem 설계기술
자동차 (7개)	하이브리드 및 전력 기반 자동차(xEV) 시스템 설계 및 제조기술(Control Unit, Battery Management System, Regenerative Braking System에 한함)
	연료전지 자동차 80kW 이상 Stack 시스템 설계 및 제조기술
	LPG 자동차 액상분사(LPLi) 시스템 설계 및 제조기술
	Euro 6 기준 이상의 디젤엔진 연료분사장치, 과급시스템 및 배기가스 후처리 장치 설계 및 제조기술(DPF, SCR에 한함)
	자동차 엔진·자동변속기 설계 및 제조기술(단, 양산 후 2년 이내 기술에 한함)
	복합소재를 이용한 일체성형 철도차량 차체 설계 및 제조기술
	최고 시속 350km급 동력집중식 고속열차 동력 시스템 설계 및 제조기술[AC 유도전동기·TDCS(Train Diagnostic & Control System) 제어진단·주전력변환장치 기술에 한함]
철강 (6개)	FINEX 유동로 조업기술
	항복강도 600MPa급 이상 철근·철강 제조기술[저탄소강(0.4% C 이하)으로 전기로 방식에 의해 제조된 것에 한함]
	고가공용 망간(10% Mn 이상) 함유 TWIP강 제조기술
	합금원소 총량 4% 이하의 기가급 고강도 철강판재 제조기술
	조선·발전소용 100톤 이상급(단품 기준) 대형 주·단강 제품 제조기술
	저니켈(3% Ni 이하) 고질소(0.4% N 이상) 스테인리스강 제조기술
조선 (7개)	고부가가치 선박(초대형 컨테이너선, 저온액화탱크선, 대형 크루즈선, 빙해화물선 등) 및 해양 시스템(해양구조물 및 해양플랜트 등) 설계기술
	LNG선 카고탱크 제조기술
	3천 톤 이상 선박용 블록 탑재 및 육상에서의 선박 건조기술
	500마력 이상 디젤엔진·크랭크샤프트·직경 5m 이상 프로펠러 제조기술

분야	국가 핵심기술
조선 (7개)	선박용 통합제어 시스템 및 항해 자동화기술
	조선용 ERP/PLM시스템 및 CAD 기반 설계·생산 지원 프로그램
	선박용 핵심기자재 제조기술(BWMS 제조기술, WHRS 제조기술, 가스연료추진 선박용 연료공급장치 제조기술)
원자력 (3개)	중성자 거울 및 중성자 유도관 개발기술
	연구용 원자로 U-Mo 합금핵연료 제조기술
	신형 경수로 원자로출력제어 시스템 기술
정보 통신 (8개)	지능적 개인 맞춤학습 관리 및 운영기술
	PKI 경량 구현기술(DTV, IPTV를 비롯한 셋톱박스, 모바일 단말, 유비쿼터스 단말에 한함)
	UWB 시스템에서 중단 없는 신호 간섭 회피를 위한 DAA(Detection And Avoid) 기술
	LTE/LTE_adv 시스템 설계기술
	스마트 기기용 사용자 인터페이스(UI) 기술
	LTE/LTE_adv Femtocell 기지국 설계기술
	기지국 소형화 및 전력을 최소화하는 PA 설계기술
	LTE/LTE_adv/WiBro/WiBro_adv 계측기기 설계기술
우주 (2개)	1m 이하 해상도 위성카메라용 고속기동 자세제어 탑재 알고리즘 기술
	고상 확산접합 부품성형 기술
생명 공학 (3개)	항체 대규모 발효정제 기술(5만 리터급 이상의 동물세포 발현·정제 공정기술)
	보툴리눔 독소 생산기술
	원자현미경 제조기술

연구실 안전조치 이행 계획은 「연구실 안전환경 조성에 관한 법률」 및 「산업안전보건법」 등 관련 법령에 따른 연구실 등의 안전조치(직원 교육, 안전장치 설치, 장비 검사 등) 계획을 적시하는 것으로 대학의 경우 해당 대학에서 계획을 마련하고 있기 때문에 그 내용을 첨부하면 되고, 기업의 경우 연구실 안전조치 이행 계획을 마련하여 그에 해당하는 내용을 작성하면 된다.

■ **연구실 안전조치 이행 계획**

가. 연구실 안전점검체계 및 실시

1) 실험실 안전점검체계

- 위험 등급별로 환경 안전점검을 단계별로 체계화하여 관리
- 관리 위험 등급의 지정

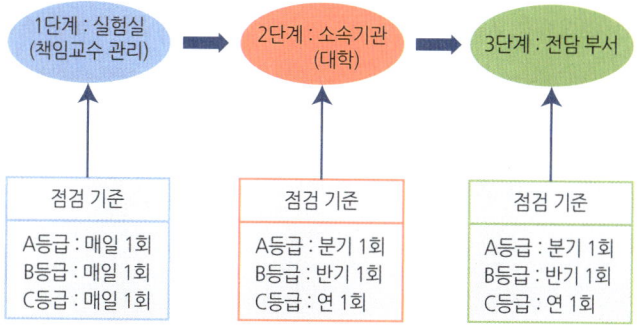

- A등급 : 가연성 가스, 인화성 시약, 유해 화학물질, 다량의 폐액 배출, 독극물, 생물 및 동물, 방사성 동위원소, 위험성이 높은 기계장비가 설치된 실험실
- B등급 : 일반 시약, 소규모 인화성 시약, 불연성 가스, 소량의 폐수 발생 실험실
- C등급 : 이화학실험을 수행하지 않는 전기·설계·컴퓨터 관련 실험실

2) 실험실 정밀 안전진단 실시

- 대상 : 연구개발 활동에「유해 화학물질 관리법」제2조제7호에 따른 유해 화학물질을 취급하는 연구실,「산업안전보건법」제39조에 따른 유해 인자를 취급하는 연구실, 과학기술부령이 정하는 독성가스를 취급하는 연구실(우리 대학은 실험실 관리 등급 A, B 등급에 해당하는 실험실)
- 실시 : 2년마다 1회 실시하여 교육부에 보고

나. 교육 훈련

1) 개요 : 실험실의 안전을 확보하고 종사자의 건강을 보호하여 실험 및 연구 활동에 기여하고,「연구실 안전환경 조성에 관한 법률」에 의거하여 실험실의 환경안전교육이 의무화됨에 따라 이공계열 대학원생 및 관련자 전원은 환경안전교육을 의무적으로 수강

2) 교육 대상 : 교수, 대학원생, 실험 조교, 전문 직원, 소속 연구원, 실험 참여 학부생 및 업체 직원 등

3) 단계별 교육 이수 과정
- 1단계 : 공통 이수 과목(등록 실험실 전체)
- 2단계 : 특수실험실

4) 교육 구분
- 정기교육 : 방학 기간 중 2회(2012. 2. 28.~29과 8월 예정) 출석 수업 실시

- 비정기 임시교육 :
  - 대상 : 새로운 실험 과정 신설 시, 연구소 신설 시, 교육 미이수자(신입 대학원생, 전담 직원, 연구원, 업체 직원, 유해물질 취급자 등)
  - 방법 : 사이버 환경안전교육(홈페이지 개설 동영상 교육), 자료·유인물, 외부 강사, 전문 교육기관 의뢰 등
- 특별교육 : 해당 기관에서 자체 또는 외부 전문기관에 의뢰하여 위탁교육 실시

다. 보험 가입 현황

보험명	보상 내용	대상	주관 부서
재산종합보험 (종합패키지 보험)	재산종합위험담보 : 2조 5천 6백억 원 (신체배상책임보험 특별약관 포함)	피보험자	설비안전팀
	대인대물 일괄 : 20억 원(사고당)	전체	
	제3자 치료비 보상 : 1천만 원(인당), 8천만 원(사고당)	제3자 보상	설비안전팀
	학생 교내외 치료비 : 1천 5백만 원(인당), 8천만 원(사고당)	학생	
학생 단체 상해보험	상해사망, 후유장해 : 2억 원 의사상자 상해위험 : 1억 원 상해, 후유 정도에 따른 보상 : 약관보상 연구활동종사자보험 포함(특별약관)	학부생, 대학원생	학생복지처
교직원 단체 안심보험	사망, 후유장해, 질병 사망 : 1억 원(인당) 의료비 지원 - 암 치료비 : 1천만 원(인당) - 입원의료비 지원 : 3천만 원(인당) - 상해의료실비 : 2백만 원(인당)	교직원	인사팀

라. 추가 이행 계획

실험 종사자 건강검진 및 보험 추가 가입	• 건강검진(특수실험실) • 상해보험 추가 가입 검토(특수실험실)
실험실 공기질 관리, 환기	유해물질 농도 측정관리, 환기 대책 수립
실험실 환경 개선공사	노후 실험실 개선공사 시행
특수위험 실험실에 별도의 소화설비 설치	위험성이 큰 실험실에 별도의 특수 소화설비를 설치하여 사고 확산 예방
유기용매 보관시설 설치 및 액체질소 통합관리	• 보관창고를 설치하여 통합관리 • 액체질소를 시약센터에서 통합관리
실험실 환경 안전지침 작성	보완 작성
고압가스 안전관리	안전시설 설치
안전보호장비 시설 보완	안전보호장비와 안전표지 설치

그다음에는 수행기관의 정부 프로젝트 참여 내용을 작성해야 하는데, 없으면 지금까지 수행한 민간기관의 프로젝트 내용을 작성하도록 한다. 이는 수행기관의 역량을 판단하기 위한 것으로 백지로 내는 것보다는 작성하는 것이 회사의 역량을 보여 주어 소기의 목적을 달성하는 데 도움이 된다. 이에 대한 판단은 평가위원이 할 것이다.

수행기관 정부 연구개발 사업 참여 현황

번호	프로그램명 (시행 부처·기관)	과제명	과제 핵심 내용	개발 기간 (시작~종료일)	정부출연금 (천 원)	참여 형태 (주관/참여)	과제 현황		
							완료	개발 중	신청 중
1	미래창조과학부	○○○○ 기술 연구개발	○○○○ 기술 개발	2013. 12. 20.~ 2014. 12. 19.	150,000	주관	√		
2	중소기업청	○○○○ 기술 연구개발	○○○○ 기술 연구개발	2014. 7. 25.~ 2016. 6. 30.	150,000	주관	√		
3	삼성전자	○○○ 인터페이스 기술 개발 연구	○○○○ 기술	2016. 7. 1.~ 2018. 12. 31	200,000	주관	√		

3. 기술 개발 목표 및 내용 작성하기

기술 개발 목표 및 내용을 작성할 때는 우선 연구·개발하려는 최종 제품, 즉 산출물이 무엇인지를 작성하고, 그다음에 내용을 작성하도록 한다. 앞서 기획에서 했듯이 여기도 똑같이 개요를 한 번 더 써주고, 기획에서 나왔던 연구 내용들을 구체적으로 작성하도록 한다.

목표 달성도 및 평가지표는 향후 과제의 성공 여부를 판단하는 근거로 사용되기 때문에 신중하게 작성하여야 하며, 시험 규격은 신뢰된 인증기관이나 표준에서 제시하는 시험 규격을 작성하도록 권고하고 있으니 이를 감안하여 작성한다.

■ 기술 개발 목표 및 내용

• 기술 개발 최종 목표

본 연구는 HTML5를 활용한 소셜네트워킹 서비스 기반의 e-Learning 인터페이스를 개발하는 것으로 최근 차세대 웹 서비스 개발의 주요 기술로서 각광받고 있는 HTML5를 이용하여 e-Learning 서비스 플랫폼과 소셜네트워크를 연동할 수 있는 인터페이스를 개발하고 이를 API화하는 것과 이를 이용하여 모바일 기기에서 손쉽게 동영상 강좌를 저작하고, 동영상 강좌 사이트에 전송할 수 있는 저작 툴을 개발하려는 것이다. 이는 급변하는 서비스 환경과 다양한 스마트 환경 등에서 e-Learning 서비스를 개발하려고 하는 업체나 개발자들이 신속하게 대응할 수 있게 한다.

【최종 결과물】

1. HTML5 기반의 e-Learning API 개발
2. 스마트 디바이스 기반의 동영상 강좌 저작도구 개발
3. 스마트 디바이스 기반의 동영상 강좌 시청 앱 개발
4. HTML5 기반의 동영상 강좌 서버 개발
5. 소셜네트워킹 서비스 연동 애플리케이션 개발
6. 특허 출원(본 사업 관련 BM 특허 출원)
7. 소프트웨어 등록(본 사업 관련 소프트웨어 등록)

목표 달성도 평가지표

주요 성능지표	단위	최종 개발 목표	세계 최고 수준 (보유국/ 보유 기업)	가중치 (%)	객관적 측정 방법	
					시료 수 (n≥5개)	시험 규격
1. HELP API	개수	20개수	자료 없음	40%		TTA GS 인증
2. HELP API를 이용한 사용자 참여형 맞춤학습 서버 기능	건	1건	자료 없음	10%		TTA GS 인증
3. HELP API를 이용한 소셜네트워크 연동 애플리케이션 기능	건	1건	BMW facebook application/ BMW	10%		TTA GS 인증
4. HELP API를 이용한 스마트 기기용 동영상 저작도구 기능	건	10건	자료 없음	15%		TTA GS 인증

5. 스마트 기기용 동영상 강좌 시청 앱 기능	건	1건	자료 없음	10%	TTA GS 인증
6. 특허 출원	건	2건	–	2.5%	출원
7. 소프트웨어 등록	건	3건	–	2.5%	등록

▫ 시료 수 5개 미만(n<5개) 시 사유

▫ 측정 결과의 증빙 방법 제시
상용화를 목적으로 하기 때문에 개발 완료 시 TTA의 GS 통과를 통한 신뢰성 확보나 신뢰성 센터에 요청하여 각종 하드웨어 플랫폼 및 소프트웨어의 신뢰성 분석을 의뢰함.

기술 개발 내용을 작성할 때는 앞서 산출물에 대한 것을 구체적으로 작성하며, 각각의 연구 내용에 블록도, 순서도, 개념도 등을 포함하여 작성한다.

연구개발에 대한 방법론으로는 일반적인 문헌조사가 있으며, 이해당사자간의 인터뷰조사도 있다. 또한 실제적인 개발, 즉 구현을 위한 소프트웨어의 대표적인 개발방법론으로 '순차적인 폭포수 모델'과 '반복적인 애자일 방법론'이 있다.

소프트웨어 개발방법론 종류

구분	구조적 방법론	정보공학 방법론	객체지향 방법론	CBD 방법론
등장 시기	1960~1970년대	1980년대	1990~2000년대	2010년대
목표	비즈니스 프로세스 자동화	경영전략적 정보 시스템 구축	재사용 시스템	컴포넌트 개발 및 활용
접근 방법	프로세스 중심	데이터 중심	객체 중심 (데이터+프로세스)	컴포넌트 중심
특징	• 분할과 정복의 원칙 (Divide & Conquer) • 하향식(Top-Down) 접근 • 모형적 설계 • 추상화-정형화-구조적	• 기업 업무지원 시스템 지원 방법론 • 데이터 모델 중시 • 프로그램 로직은 데이터 구조에 종속 (CRUD) • 전사적 통합 데이터 모델	• 반복적, 검증적 개발 방식 • 데이터와 로직을 통합(객체) • 공학적인 접근(Case, 4GL) • 상속에 의한 재사용 (White Box Reuse)	• 객체방법론의 진화된 형태 • 인터페이스 중시(구현에 제약 없음) • 인터페이스의 구현이 컴포넌트 • 블랙박스 재사용 지향
산업 구조	소품종 다량생산	다품종 소량생산	인터넷 비즈니스	모바일 비즈니스
Life Cycle 모델	폭포수	폭포수 프로토타이핑	반복적 개발	반복적 개발

구분	구조적 방법론	정보공학 방법론	객체지향 방법론	CBD 방법론
개발방식 자동화	Top-Down 수작업 가능	Top-Down 자동화 도구 요구	Bottom-Up 자동화 도구 필요	Bottom-Up 자동화 도구 필수
모델링	기능 모델링	데이터 모델링 프로세스 모델링	객체 모델링	객체 모델링 컴포넌트 모델링

먼저 구조적 방법론은 절차 중심의 방법론으로 1970년대 컴퓨터 영역이 확장되면서 쓰이기 시작한 개발방법론이다.

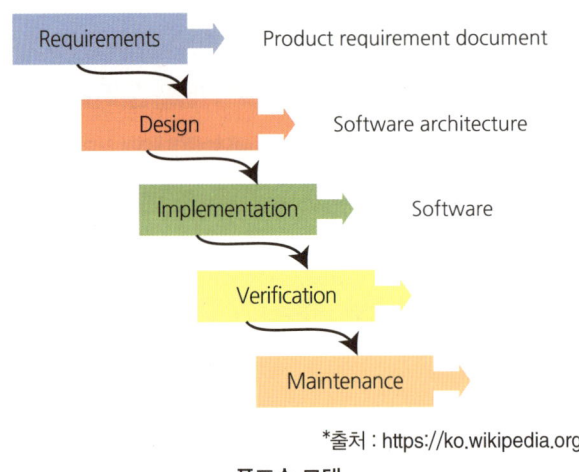

*출처 : https://ko.wikipedia.org
폭포수 모델

다음으로 반복적 개발방법론의 대표격인 애자일 방법론은 신속하고 변화에 유연하며 적응적인(adaptive) 소프트웨어 개발을 목표로 하는 다양한 경량 개발방법론 전체를 일컫는 총칭으로 반복(iteration)이라 불리는 단기 단위를 채용함으로써 위험을 최소화하는 개발 방법이다.

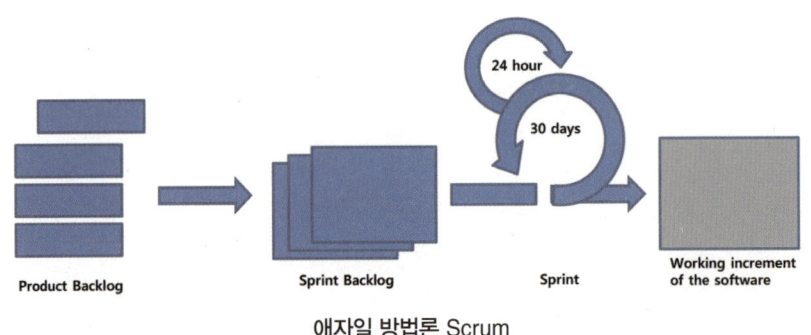

애자일 방법론 Scrum

■ 기술 개발 내용

- HTML5 기반의 e-Learning API 개발
  - 소셜네트워킹 서비스 API 분석 및 연동 인터페이스 규격 정의
  - e-Learning 사이트 기능 분석 연동 인터페이스 규격 정의
  - 매시업 기능 분석 및 e-Learning 적용 기능 정의
  - HTML5 기반 기능 분석 및 e-Learning 적용 기능 분석
  - HTML5 기반의 e-Learning API 규격 정의
  - HTML5 기반의 e-Learning API 모듈 개발
- 스마트 디바이스 기반의 동영상 강좌 저작도구 개발
  - 저작도구 코어엔진 개발
  - HELP API를 이용한 동영상 업로드 모듈 개발
- 스마트 디바이스 기반의 동영상 강좌 시청 앱 개발
  - 동영상 강좌 시청 코어엔진 개발
  - HELP API를 이용한 SNS 및 동영상 강좌 서버 연동 모듈 개발
- HTML5 기반의 동영상 강좌 서버 개발
  - HELP API를 이용한 UCC 기반의 맞춤형 서버 개발
  - 학습 콘텐츠 데이터베이스 구축
  - 맞춤학습 콘텐츠 처리 엔진 구현
  - HELP API를 이용한 SNS 연동 서비스 모듈 구현
- 소셜네트워킹 서비스 연동 애플리케이션 개발
  - HELP API를 이용한 SNS 연동 모듈 개발
  - 동영상 강좌 Embedding 인터페이스 규격 정의
  - 동영상 강좌 Embedding 모듈 개발
- 특허 출원(본 사업 관련 BM 특허 출원)
  - 본 사업과 관련하여 HTML5를 활용한 소셜네트워킹 서비스 기반의 e-Learning 인터페이스에 대한 기술특허와 파일럿 시스템에 대한 BM 특허 출원을 위하여 다음과 같은 선행특허 회피우회 방법을 이용하여 출원함.
- 소프트웨어 등록(본 사업 관련 소프트웨어 등록)

- 본 사업과 관련하여 이미 개발된 소프트웨어에 대하여 한국저작권위원회에 프로그램 등록

■ 세부 개발 방법

〈개발방법론〉
- 연구는 문헌조사와 서비스 제공자들의 인터뷰를 기반으로 진행함.
- 소프트웨어 구현 방법론으로는 애자일 방법 중 Scrum 방식을 사용함.
  - Scrum은 프로젝트와 제품 혹은 애플리케이션 개발을 위한 반복적이며 점진적인 프레임워크를 의미
  - Sprint라고 하는 작업 주기(보통 1~4주)를 반복하며 개발을 진행하며, Sprint 종료 시점에는 과제 책임자와 함께 데모를 시연하며 Sprint Review를 수행

〈연구 내용〉
- HTML5 기반의 HELP API 개발
  - 소셜네트워킹 서비스(구글, 페이스북) API 분석 및 연동 인터페이스 규격 정의
  - e-Learning 사이트 기능 분석 연동 인터페이스 규격 정의
  - 매시업 기능 분석 및 e-Learning 적용 기능 정의

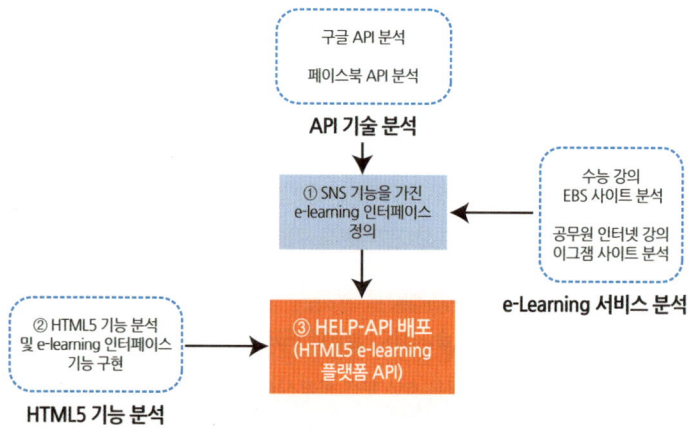

HELP API 개념도

e-Learning 서비스를 위한 매시업 서비스

매시업 서비스명	설명	비고
사용자 맞춤학습 제공기술	• 사용자별로 필요한 과목 및 수준별 학습 콘텐츠(동영상 콘텐츠, 문서 콘텐츠 등)를 제공 • 학습 콘텐츠별·개인별 학습 효과를 chat를 분석해 제공하고, 이를 기반으로 하여 맞춤형 학습 콘텐츠(오답노트 생성, 만점문제집 생성)를 제공하는 기능	
지역별·학교별 콘텐츠 선호도 제공기술	• 학습 콘텐츠(동영상 콘텐츠, 문서 콘텐츠 등)에 대한 지역별·학교별·학년별 콘텐츠 선호도 제공	
콘텐츠별 학습 효과 제공기술	• 개인별 학습 콘텐츠에 대한 학습 효과를 chat를 이용하여 제공하고, 앞으로 성적을 올리기 위하여 필요한 학습 콘텐츠 제공	
강사와 학생 1:1 매칭 서비스	• 학생의 지역과 학년, 수준을 고려하여 온·오프라인에서 학생과 강사를 1:1로 매칭시켜 주는 서비스, 학습 동아리 모임 서비스, 학원 및 학생의 1:1 교습 예약 서비스	

- HTML5 기반 기능 분석 및 e-Learning 적용 기능 분석

- HTML5 기반의 e-Learning API 규격 정의

- HTML5 기반의 e-Learning API 모듈 개발

주요 HELP API 목록

API	설명	비고
HELP search API	u-Learning 콘텐츠에 대한 검색 결과를 XML 형식으로 제공하는 API(oulworkbook, oulvideo, oulcontentproducer etc.)	
HELP analy API	각 분야 전문가들이 생산하는 분석 정보를 주제 분야별로 XML 형식으로 제공하는 API	
HELP ads API	각 학원, 강사, 학생들이 자신의 콘텐츠를 홍보하기 위하여 사용하는 API	
HELP sns API	u-Learning SNS와 연동하기 위한 API	
HELP pg API	u-Learning 콘텐츠 결제를 위한 API	
HELP map API	u-Learning을 위해 학원 위치, 학교 위치 등의 위치 정보를 제공하는 map API	
HELP WBcontent API	u-Learning의 문제집 콘텐츠와 연동하기 위한 API	
HELP videocontent API	u-Learning의 비디오 강좌와 연동하기 위한 API	
HELP tutor API	u-Learning의 강사 정보를 활용하기 위한 API	
HELP student API	u-Learning의 학생별 정보를 활용하기 위한 API	
HELP producer API	u-Learning의 출판사별 정보를 활용하기 위한 API	
HELP Evaluation API	동영상 콘텐츠나 문서 콘텐츠 그리고 각종 댓글에 대한 평가를 해주는 API	

API	설명	비고
HELP EVENTMix API	u-Learning과 관련된 업체들의 EVENT 정보를 제공하는 API	
HELP recruit API	u-Learning 종사자들의 채용과 관련된 정보를 제공해 주는 API	

- 스마트 디바이스 기반의 동영상 강좌 저작도구 개발
  - 저작도구 코어엔진 구현
  - Encoding 모듈 및 Edtion 모듈 구현
  - HELP API를 이용한 동영상 업로드 및 전송 관련 모듈 구현

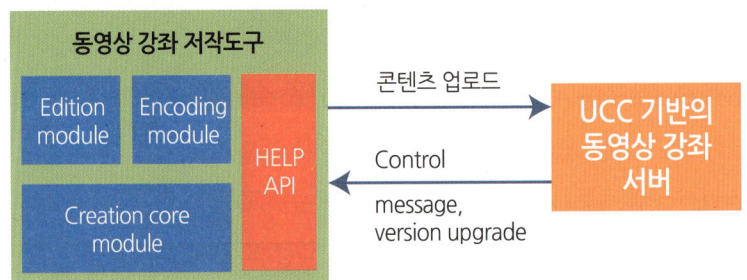

스마트 기기 기반의 동영상 강좌 저작도구

- 스마트 디바이스 기반의 동영상 강좌 시청 앱 개발

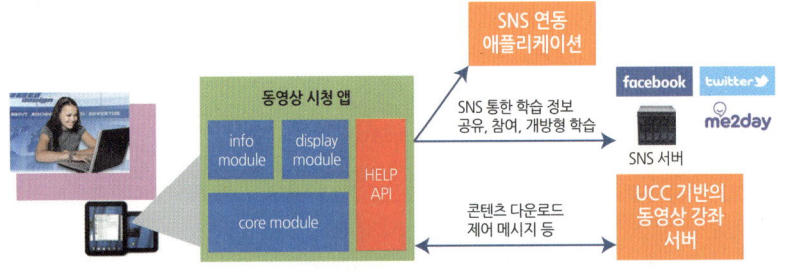

동영상 강좌 시청 앱

  - 동영상 강좌 시청 코어엔진 개발
  - HELP API를 이용한 SNS 및 동영상 강좌 서버 연동 모듈 개발

- HTML5 기반의 동영상 강좌 서버 개발
  - HELP API를 이용한 UCC 기반의 맞춤형 서버 개발
  - 학습 콘텐츠 데이터베이스 구축
  - 맞춤학습 콘텐츠 처리 엔진 구현
  - HELP API를 이용한 SNS 연동 서비스 모듈 구현

- 소셜네트워킹 서비스 연동 애플리케이션 개발

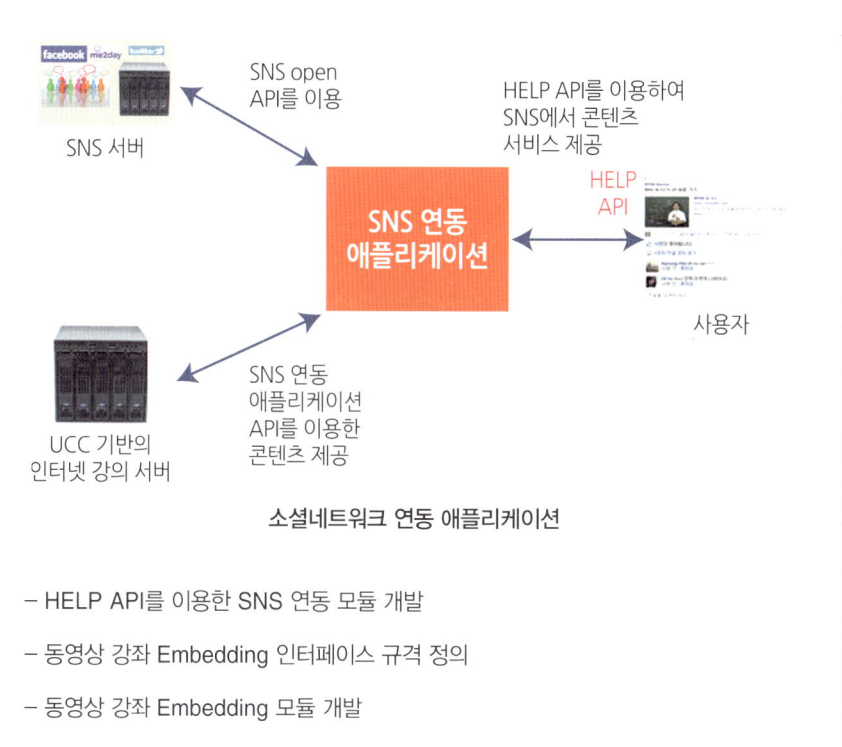

소셜네트워크 연동 애플리케이션

  - HELP API를 이용한 SNS 연동 모듈 개발
  - 동영상 강좌 Embedding 인터페이스 규격 정의
  - 동영상 강좌 Embedding 모듈 개발

수행기관별 업무분장에서는 주관기관과 참여기관이 있을 경우 각각 구별하여 작성해 주고, 바우처제도를 활용할 경우도 각각 구분하여 작성해 준다.

수행기관별 업무분장

수행기관	담당 기술 개발 내용	기술 개발 비중(%)
주관기관	• HTML5 기반의 HELP API 개발 　– 소셜네트워킹 서비스 API 분석 및 연동 인터페이스 규격 정의 　– e-Learning 사이트 기능 분석 연동 인터페이스 규격 정의 　– 매시업 기능 분석 및 e-Learning 적용 기능 정의 　– HTML5 기반 기능 분석 및 e-Learning 적용 기능 분석 　– HTML5 기반의 e-Learning API 규격 정의 　– HTML5 기반의 e-Learning API 모듈 개발 • 스마트 디바이스 기반의 동영상 강좌 저작도구 개발 　– 저작도구 코어엔진 개발 　– HELP API를 이용한 동영상 업로드 모듈 개발 • 스마트 디바이스 기반의 동영상 강좌 시청 앱 개발 　– 동영상 강좌 시청 코어엔진 개발 　– HELP API를 이용한 SNS 및 동영상 강좌 서버 연동 모듈 개발 • HTML5 기반의 동영상 강좌 서버 개발 　– HELP API를 이용한 UCC 기반의 맞춤형 서버 개발 　– 학습 콘텐츠 데이터베이스 구축 　– 맞춤학습 콘텐츠 처리 엔진 구현 　– HELP API를 이용한 SNS 연동 서비스 모듈 구현 • 소셜네트워킹 서비스 연동 애플리케이션 개발 　– HELP API를 이용한 SNS 연동 모듈 개발 　– 동영상 강좌 Embedding 인터페이스 규격 정의 　– 동영상 강좌 Embedding 모듈 개발 • 특허 출원(본 사업 관련 BM 특허 출원) • 소프트웨어 등록(본 사업 관련 소프트웨어 등록)	100%
참여 기업		
위탁기관		
외주용역 처리		
총계		100%

4. 세부 추진 일정

　세부 추진 일정을 작성할 때는 기술 개발 내용을 바탕으로 간트차트를 이용하여 연구 기간 동안 수행해야 할 액션 아이템을 선정하고 그에 따른 기간을 설정해 준다.

세부 추진 일정

차수	세부 개발적 내용	수행기관 (주관/참여 /수요처/ 위탁 등)	1	2	3	4	5	6	7	8	9	10	11	12	비고
1차 연도	1. 계획 수립 및 자료 조사	주관	■												
	2. 소셜네트워크 서비스 API 분석 및 규격 정의	주관		■	■										
	3. e-Learning 사이트 기능 분석 및 연동 규격 정의	주관		■	■										
	4. 매시업 기능분석 및 e-Learning 적용 기능 정의	주관		■	■										
	5. HELP API 규격 정의	주관				■	■								
	6. HELP API 모듈 개발	주관				■	■								
	7. 동영상 강좌 데이터베이스 구축	주관				■	■	■							
	8. 사용자 참여형 맞춤학습 콘텐츠 데이터베이스 구축	주관				■	■	■							
	9. 스마트 디바이스 기반의 동영상 강좌 저작도구 설계	주관					■	■							
	10. 스마트 디바이스 기반의 동영상 강좌 시청 앱 설계	주관					■	■							
	11. 소셜네트워크 서비스 연동 애플리케이션 설계	주관					■	■	■						
	12. 맞춤학습 서버 설계	주관					■	■							
	13. 중간점검(수정 및 보완)	주관							■						
	14. 스마트 디바이스 기반의 동영상 강좌 저작도구 구현	주관								■	■	■			
	15. 스마트 디바이스 기반의 동영상 강좌 시청앱 구현	주관								■	■	■			
	16. 맞춤학습 서버 구현	주관								■	■	■			
	17. 소셜네트워크 서비스 연동 애플리케이션 구현	주관								■	■	■			
	18. 시스템 테스트	주관										■			
	19. 시제품 제작	주관											■		
	20. 특허 출원	주관						■							
	21. 프로그램 등록	주관											■		
	22. 사업 종료 보고서	주관											■		

주요 연구인력의 이력은 핵심이 되는 연구인력에 대한 주요 이력을 작성해 준다.

연구인력 주요 이력

성명 (구분)	경력사항			최종 학력	학위
	연도	기관명	근무 부서/직위		
김책임 (과제 책임자)	2011~현재	○○정보통신	대표이사	○○대학원	공학 석사
	2005~2011	(주)○○시스템	연구소/연구소장		
	2000~2005	(주)○○시스템	개발팀/과장		
공동책 (공동 책임자)	2011~현재	○○대학	교수	○○대학원	공학 박사
	2000~2011	(주)○○전자	연구소/책임연구원		
김핵심 (핵심 개발자)	2009~현재	○○정보통신	연구소장	○○대학원	학사
	2003~2009	(주)○○시스템	팀장		

연구시설·장비 보유 및 구입 현황을 작성할 때는 기보유 기자재와 신규 구매 기자재가 중복되지 않도록 작성한다.

연구시설·장비 보유 및 구입 현황

구분		기자재 및 시설명	규격	공급가액 (백만 원)	구입 연도	용도 (구입 사유)	보유기관 (참여 형태)
기보유 기자재 (활용 가능 기자재 포함)	자사 보유	iPad	MC270KH/A	0.7	2010	연구개발용	○○시스템(주관기관)
		모니터	LG LCD 24인치	0.4	2010	연구개발용	○○시스템(주관기관)
		PC	쿼드코어2	1.0	2010	연구개발용	○○시스템(주관기관)
		안드로이드폰	삼성 NEXUS S	0.7	2011	연구개발용	○○시스템(주관기관)
		노트북	IBM	1.4	2010	연구개발용	○○시스템(주관기관)
		노트북	도시바	1.0	2011	연구개발용	○○시스템(주관기관)
		웹 서버	HP DL-320	3.0	2010	연구개발용	○○시스템(주관기관)
		소계		8.2			
신규확보가 필요한 기자재	구입	기자재 구입비 (맞춤학습 서버)	HP DL-360	9.8	2012	연구개발용	○○시스템(주관기관)
		기자재 구입비 (미디어 서버)	HP DL-360	9.8	2012	연구개발용	○○시스템(주관기관)
		기자재 구입비 (데이터베이스 서버)	HP DL-560	16.3	2012	연구개발용	○○시스템(주관기관)
		노트북	Xnote	2.0	2012	연구개발용	○○시스템(주관기관)
		노트북	Xnote	2.0	2012	연구개발용	○○시스템(주관기관)
		안드로이드폰	갤럭시	1.0	2012	연구개발용	○○시스템(주관기관)

구분		기자재 및 시설명	규격	공급가액 (백만 원)	구입 연도	용도 (구입 사유)	보유기관 (참여 형태)
신규 확보가 필요한 기자재	구입	안드로이드폰	갤럭시	1.0	2012	연구개발용	○○ 시스템(주관기관)
		아이폰	아이폰	1.0	2012	연구개발용	○○ 시스템(주관기관)
		아이패드	애플 아이패드2	1.1	2012	연구개발용	○○ 시스템(주관기관)
		갤럭시탭	삼성 갤럭시	1.1	2012	연구개발용	○○ 시스템(주관기관)
		프린터기	HP	1.0	2012	연구개발용	○○ 시스템(주관기관)
		iMac	iMac	3.0	2012	연구개발용	○○ 시스템(주관기관)
			소계	49.1			

기술 개발 활용 및 사업화 방안 작성하기에는 크게 4가지 사항이 있으며, 기술 개발 활용 및 제품 개발 계획, 양산 및 판로 확보 계획, 고용 창출 효과 및 고용의 질 향상 그리고 개발 제품의 수출 가능성에 대하여 작성해야 한다.

개발기술 활용 및 제품 개발 계획은 기술 개발 결과의 활용 분야 및 활용 방안을 구체적으로 서술하고, 기술 개발 결과 특성이 반영된 시제품이 최종 제품 형태로 되기까지의 계획 과정을 작성하도록 한다.

기술 개발 결과의 활용에 대하여 작성하라고 하면 굉장히 막막할 것이다. 그러다 보니 우선은 현재 기술개발계획서에 작성한 목표의 내용을 작성하는 경우가 많다.

하지만 개발기술의 활용은 조금 더 구체적으로 생각해야 한다. 제안한 기술을 활용하여 언제, 무엇을, 어떻게 할지를 고민해야 하는 것이다. 언제라고 하면 기술 개발 초기 단계인지, 기술 개발 단계인지, 기술 개발 완료 단계인지를 선택해 작성하여야 한다.

■ 개발기술 활용 및 제품 개발 계획(기술적 파급 효과 포함)

가) 개발 제품의 활용

- 소프트웨어 지식재산권 확보
  - HTML5를 활용한 소셜네트워킹 서비스 기반의 e-Learning 인터페이스(HELP API) 소프트웨어
  - HELP API를 이용한 사용자 참여가 가능한 맞춤학습 사이트 구축 소프트웨어
- 현재 판매 중인 제품에 추가 기능으로 활용

– 현재 당사에서 서비스하고 있는 동영상 강좌 서비스에 본 연구 내용 적용

나) 제품 개발 계획

• 제품 개발 목표

– HTML5를 활용한 소셜네트워킹 서비스 기반의 e-Learning 인터페이스(HELP API)

– HELP API를 이용한 사용자 참여가 가능한 맞춤학습 사이트 구축

• 제품 개발 프로세스

1. 분석	2. 설계	3. 개발	4. 시험	5. 응용
· 자료 수집, 분석, 분류 · 시장의 요구사항 조사 · 관련 아이디어 적용 · 전문가 자문 및 제품 포지셔닝 정의	· 세부 인력 배치 · 기능 할당 · 기능 및 디자인 계획 수립 · 마케팅 계획, 프로모션 계획 수립	· 테스트 계획 수립 · 세부사항 확인 · 기능 및 디자인 구현	· 테스트베드 구축 · 통합 테스트 · 추가 개발사항 확인	· 추가 개발사항 적용 · 제품 마케팅 및 영업

세부 개발 내용	제품 개발 일정						비고
	1	2	3	4	5	6	
1. 분석 – 제품화 자료 수집, 분석, 분류 – 시장의 요구사항 조사 – 관련 아이디어 적용 – 전문가 자문 및 제품 포지셔닝 정의	■	■					제품 기획가 및 마케팅 전문가 자문
2. 설계 – 제품화를 위한 세부 인력 배치 – 기능 할당 – 기능 및 디자인 계획 수립 – 마케팅 계획 및 프로모션 계획 수립			■	■			마케팅 업체와 협력
3. 개발 – 테스트 계획 수립 – 세부사항 확인 – 기능 및 디자인 구현				■	■		
4. 시험 – 테스트베드 구축 – 통합 테스트 – 추가 개발사항 확인					■	■	
5. 응용 – 추가 개발사항 적용 – 제품 마케팅					■	■	

다) 신뢰성 인증 확보 계획

※ 신뢰성이란, 어떤 제품 등이 규정된 조건(환경)하에서 정해진 기간(시간, 거리 사이클 등) 동

안 의도한 기능을 만족스럽게 수행하는 성질을 의미

※ 공인된 전문 신뢰성 시험기관을 통한 개발 제품의 환경(내구성) 시험, 수명 시험 등에 대한 구체적 실시 계획을 서술

- 이용자의 만족과 신뢰성 있는 제품으로서의 객관적 평가를 위해 국내외 인증의 확보가 필요하다고 판단하며, 이를 위하여 다음과 같은 국내의 제품 개발 및 인증제도를 활용하고자 한다.
  - 신제품(NEP : New Excellent Product) 인증제도는 기술만을 인증해 주는 신기술(NET : New Excellent Technology) 인증제도와 달리 제품 자체를 인증할 수 있는 제도로 본 개발 제품은 신기술보다는 신제품 인증제도가 알맞은 것으로 판단하여 아래의 표와 같은 인증제도를 우선적으로 인증받을 계획이다.

제도명	제도 내용	지원 대상
신제품 인증제도	국내에서 최초로 개발된 기술 또는 이에 준하는 대체기술을 적용한 제품에 대해 정부가 기술, 성능, 품질을 평가하고 인증하여 자금 지원, 우선 구매, 신용보증 등 각종 지원 혜택을 제공하는 제도	해당 제품을 사용자에게 판매하기 시작한 후 3년을 경과하지 않은 제품
중소기업 기술 개발 제품 우선 구매제도	중소기업이 개발한 기술 개발 제품을 공공기관의 중소기업 물품 구매액의 5% 이상을 우선 구매하도록 함으로써 기술 개발 제품의 초기 시장 진출을 지원하는 제도	GS(Good Software), NET·NEP 제품, 우수 조달 제품, 성능 인증 제품
인증 신제품 의무 구매제도	공공기관이 구매하는 품목 중 인증 신제품이 있는 경우 해당 품목 구매 금액 중 20% 이상을 인증 신제품으로 구매하도록 하는 제도	NEP 인증 신제품을 보유하고 있는 중소기업
조달청 우수 제품제도	중소기업 생산 제품 중 기술 및 품질이 우수한 제품을 우수 제품으로 지정하는 제도로 우수 제품으로 지정된 제품에 대해서는 국가계약법령에 따라 계약을 체결하여 각급 수요기관에 조달	NET 또는 NEP 인증 제품으로서 품질 및 성능이 우수한 제품, 특허 및 실용신안으로 등록된 제품으로 품질이 우수한 제품
성능보험제도	중소기업이 성능 인증을 받은 제품을 성능보험에 가입하면 해당 제품을 공공기관에 납품한 후 발생하는 공공기관의 손해에 대해 배상함으로써 공공기관의 중소기업 기술 개발 제품 사용 기피 현상을 방지하여 공공구매를 촉진하는 사업	대기업을 제외한 중소기업

제도명	제도 내용	지원 대상
GS 인증	소비자와 기업이 우수한 소프트웨어 제품을 보다 신뢰하고 사용할 수 있도록 일련의 테스트를 거쳐 일정 수준의 품질을 가진 소프트웨어 제품에 국가가 부여하는 인증제도	국내 중소 소프트웨어 기업체

양산 및 판로 확보 계획은 제품화 이후의 양산 계획, 방법 및 양산 제품의 마케팅·판매 전략 등 생산 및 판로 확보 방안을 구체적·객관적으로 서술한다. 일반적으로 마케팅 전략은 우리 회사와 제안 제품에 맞게 각색하여 작성해 준다.

■ 양산 및 판로 확보 계획

가) 제품 양산 계획

- 일반적으로 웹 관련 소프트웨어 산업은 디지털 경제의 기반산업인 지식산업으로 제품 개발 시 제조 공장이 필요하지 않다는 특징이 있으며, 개발기술의 결과물을 사업화하기 위한 재료가 특별하게 필요치 않고, 성공을 위해서는 기술 개발 인력이 보유한 기술력과 마케팅 전략이 중요하다.
- 시장 진입 성공 후, 시장 확대를 목적으로 구사할 마케팅 전략은 시장의 기능 규격사항 및 요구사항 충족에 따른 객관적 신뢰성 확보를 목표로 관련 기업의 컨소시엄 협력을 통해 개발된 제품의 우수성을 근거로 향후 시장에 대한 확대 기반을 마련하며, 구체적인 마케팅 전략은 다음과 같다.

순서	마케팅 전략
1	관련 기업 및 유관기관과의 전략적 협력을 통해 개발된 제품으로서 객관적인 제품 신뢰성을 마련하고 관심 기업에 대한 데모 서비스를 지원하여 기업의 구매 의사를 극대화
2	기업에서 추구하는 개방화된 제품임을 표현함으로써 홍보 효과를 극대화
3	기존 보유 제품의 성능 고도화로 타 산업 분야 적용 시 별다른 어려움 없이 손쉽게 적용 가능하며, 해당 기업의 특수한 요구사항에 대해 확장이 가능함을 제시
4	다양한 미디어 서비스를 영위하는 기업의 경우, 해당 제품을 기반으로 신규 비즈니스 모델의 창출이 가능하고 제품 응용을 통한 안정된 보안성 확보가 가능함을 제시

나) 판로 확보 및 판매 전략

• 수요처 발굴 및 마케팅 전략 요약

마케팅 전략	실행 방안	수요처 발굴 전략
Pricing	〈맞춤형 가격 전략〉 중소기업형, 대기업형, 공공기관형 구분	• 소프트웨어 중소기업 중심 수요 강화 • 학교, 개인 개발자 및 공공기관 레퍼런스 강화
Place	〈개방형 유통 방식〉 온라인 다운로드, 유관기업 네트워크 확충	• 일반 개발자 인식 확대 • 공동 유통망 구축(유관기업)
Promotion/ Product	〈브랜드화〉 다양한 템플릿, 서비스 고급화 〈홍보〉 시험판 배포, 인터넷 포털 연계, 교육 지원 강화	• 지속적인 수요처 유지 • 시장 진입 단계에서 시장 확장 단계로 전환(모바일 웹 등)

• 부문별 전략 계획

[가격 전략(Pricing)]

- HELP API의 경우 국내 제품이 없는 상황으로 국내 SI 개발 환경과 이용자를 감안하여 제품의 판매 방식은 종량제와 정액제, 프리웨어 등의 다양한 방식 결합
- 사용자 대상을 중소기업, 대기업, 개인 개발자 등으로 구분하여 구입 능력에 따라 가격을 맞춤화함으로써 상대적으로 구매력이 낮은 중소기업과 개인 사용자에게 저렴한 가격을 부여하여 구매력 증대
- 사용자 수를 단위로 하여 라이선스 판매 할인율 적용(5인 이하, 20인 이하, 50인 이하 등)
- 파일럿 사이트는 초기 무료 서비스를 시행하고, 향후 광고 등을 결합한 형식으로 서비스

[유통 전략(Place)]

- HELP API는 판매망을 구축하는 비용과 노력을 절감하기 위한 개방형 유통망을 구축하고, 인터넷을 통한 온라인 유통망을 통해 제품의 다운로드 판매 방식 강화
- 자사 홈페이지 구축, 인터넷 포털과 연계한 시험판 배포 등으로 제품의 인지도 향상 및 사용 환경 활성화
- 관련 유관기업과의 파트너십을 구축하고 상호 필요한 부분에 대해서 대상 기업을 공유하는 공동 유통망 구축 방식도 효율적

- 파일럿 사이트는 협력 관계가 구축된 아모르 에듀에 초기 서비스를 구축하고, 아모르 에듀와 전략적 제휴 관계가 구축된 KT, 한국문제은행과 협력하여 초기 동영상 강좌 콘텐츠 구축 사업을 하며, EBS, 경출판사, 신사고 등과의 제휴를 통하여 사업 영역을 확장하고 이동통신 사업자, 스마트폰, 태블릿 PC, Book Cosmos와의 제휴를 통한 서비스 제공

[판매촉진(Promotion)/제품(Product)]
- 제품의 브랜드화 추진으로 이용자의 신뢰성과 제품의 차별성 유지
- 후속 제품 또는 관련 제품을 연결 생산하여 제품의 로열티 강화
- 제품의 사용 영역을 웹 화면에서 모바일 등으로 확대
- 제품 홍보를 위한 공모전이나 제품 사용 평가전 등을 개최하여 관심 도모
- 지속적이고 적극적인 제품 업그레이드를 포함하여 철저한 교육을 진행함으로써 이용자의 관심 유지
- 제품의 사용을 통한 다양한 기술적 요구 및 사용자의 반응을 제품의 업그레이드에 반영하여 사실상의 산업적 표준(de-facto)이 될 수 있도록 표준화 활동을 추진하는 데 주력

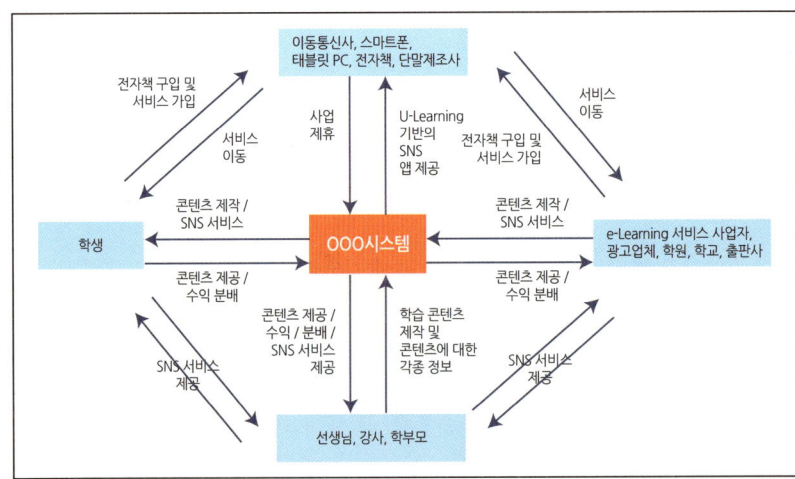

기술 개발 후 국내외 주요 판매처 현황

판매처	국가명	판매 단가 (천 원)	예상 연간 판매량(개)	예상 판매 기간(년)	예상 총판매 금액(천 원)	관련 제품
SI 업체	국내외	1,000	–	5년 이상	–	HELP API
공공기관	국내외	1,000	–	5년 이상	–	HELP API
개인 전문가	국내외	무료 및 광고 제휴	–	5년 이상	–	HELP API
이그잼	대한민국	500,000	1	3년	1,500,000	SNS 기반의 동영상 강좌 서비스
기타 출판사	대한민국	100,000	30	3년	9,000,000	SNS 기반의 디지털 전자 책 서비스

※ 본 기술·제품 개발 완료 후 판매 가능한 판매처를 명기하되 수요량은 파악이 가능할 경우만 작성

※ 관련 제품의 경우 본 기술·제품 개발 완료 후 판매될 제품을 명기하되, 판매처에서 원부자재로 사용되는 경우 최종 제품 명기

사업화 계획 및 기대 효과

구분		사업화 연도			
		2014년 (개발 종료 연도)	2015년 (개발 종료 후 1년)	2016년 (개발 종료 후 2년)	3년 누계
사업화 제품		• HELP API • SNS 기반의 e-Learning 시스템	• HELP API • SNS 기반의 e-Learning 시스템	• HELP API • SNS 기반의 e-Learning 시스템	• HELP API • SNS 기반의 e-Learning 시스템
투자 계획(억 원)		2	5	10	17
판매 계획 (백만 원)	내수	15	30	45	90
	수출	–	–	10	10
	계	15	30	55	100
수입 대체 효과(억 원)		15	30	55	100
고용 창출(명)		4	5	8	17

고용 창출 효과 및 고용의 질 향상에서는 중장기적으로 본 과제를 통하여 창출되는 고용 인력, 그리고 그 인력을 유지할 수 있는 자체적 방안을 구체적·객관적으로 작성한다.

> ■ **고용 창출 효과 및 고용의 질 향상**
> - 기술 개발을 통한 고용 창출 효과 및 신규 인력 채용 계획
>   - API 기술 개발 및 e-Learning 개발 인력 신규 고용 3명 예정
>   - 관련 기술 개발 및 서비스로 고용 확대(개발 인력 4명, 서비스 운영 인력 4명, 마케팅 인력 3명, 고객센터 5명)
> - 고용 유지를 위한 복리후생 등 기업 자체적 방안
>   - 모든 직원을 정규직으로 고용(전 직원 4대보험 외 재해보험 가입)
>   - 우수 사원 표창
>   - 우수 프로젝트 표창
>   - 우수 직원 대학원 학비 지원
>   - 직무보상제도
>   - 전 직원 인센티브 지급
>   - 연 5~9일 의무연차 시행
>   - 배우자 및 가족 건강검진
>   - 휴무 시 회사 차량 지원
> - 신규 인력에 대한 교육 프로그램 등 기술 인력 육성 계획
>   - 신규 입사자 기본교육(경영관리팀)
>   - 신규 입사자 업무교육(각 부서 팀장)
>   - 연 2회 교육 프로그램 참석 비용 지원
>   - 멘토·멘티제 도입

개발 제품의 수출 가능성을 작성할 때는 개발 제품의 수출 가능성 및 해외시장 발굴을 위한 방안을 구체적·객관적으로 서술하며, 여기에는 해외 마케팅 전략 및 제품의 경쟁력 제고 방안, 해외시장 발굴을 위한 정보 수집 활동 계획 등이 포함된다.

> ■ 개발 제품의 수출 가능성
>
> ※ 개발 제품의 수출 가능성 및 해외시장 발굴을 위한 방안을 구체적·객관적으로 서술
>
> • 해외 마케팅 전략 및 제품 경쟁력
>
> – 기존 클라이언트(일본 기업)의 신규 서비스 요구사항 충족을 통한 수요 확대
>
> – 글로벌 홍보 웹사이트를 통한 직접 고객 유치
>
> – 코트라 해외 비즈니스 협력 유치
>
> – 해외 진출 지원 사업을 통한 비즈니스 교류 협력 프로그램 참가
>
> • 해외시장(또는 고객) 발굴을 위한 정보 수집 활동 계획
>
> – 동남아 IT 수출 컨소시엄 참가(인도네시아, 베트남)
>
> – 정부에서 운영하는 코트라 해외 IT 글로벌 마케팅 사업 참가
>
> – 한국정보산업연합회를 통한 지속적 해외시장 정보 수집

III. 사업비 비목별 소요명세서 작성하기

비목별 소요명세서는 기술 개발을 위하여 투입되는 전체 사업비를 어떻게 계획적으로 사용할 것인지를 구체적으로 나타내는 것이다. 특히 연차별 사업비 총괄표를 보면 기술개발사업비의 전체적인 내용을 한눈에 볼 수 있다.

사업비 총괄표의 합산 금액은 '비목별 총괄'의 합산 금액과 일치하도록 작성하여야 한다. 만약 일치하지 않으면 감점 및 불이익을 당할 수 있으며, 시스템에 입력된 사업비 합계와 소요명세의 합계가 다를 경우, 시스템에 입력한 세목별 총괄 금액을 기준으로 처리하는 것을 원칙으로 한다.

'비목별 총괄'에 앞서, '연차별 사업비 요약'을 먼저 작성해 보아야 한다. 여기에 적을 수 있는 항목으로는 정부지원금, 민간부담금이 있다.

우선, 정부지원금은 전액 현금으로 계상된다. 하지만 민간부담금은 현금부담분과 현물부담분이 있다. 이것을 고려하여 총사업비를 구할 수 있다.

㈎ 정부에서 지원하는 출연금이 200백만 원이고, 정부출연금은 총사업비의 90% 이하로 편성해야 한다. 그리고 민간부담금은 총사업비의 10% 이상을 부담해야 하며, 민간부담금 중 20%는 현금으로 계상해야 한다고 했을 경우, 총사업비는 220백만 원으로 할 수 있다.

정부지원금을 최대한 반영하여 총사업비를 구하기 위해서는 다음과 같이 구하면 된다.

200백만 원(정부출연금)=총사업비×90%(정부출연금 비율)

총사업비=200×100/90=222.222백만 원이 나온다.

백만 원 이하를 버림 하면 222백만 원이므로 총사업비는 222백만 원이 된다.

- 정부출연금을 다시 구하면 222×0.9=199.8백만 원으로 조정한다.
- 민간부담금인 기업부담금은 총사업비의 10%이기 때문에 222×0.1=22.2백만 원이 된다.
- 민간부담금 중 20%를 현금으로 부담해야 하기 때문에 22.2×0.2=4.44백만 원이 된다.
- 민간부담금에서 현물 부담금은 현금 부담분을 마이너스 해주거나 80%를 곱해 주면 된다. 22.2-4.44=17.76백만 원이다.

따라서 연차별 사업비 요약은 다음과 같이 작성할 수 있다. 민간(수요처)부담금은 해당 사업이 아니기 때문에 작성하지 않으며, 2차연도나 3차연도에는 해당하지 않기 때문에 작성하지 않는다. 2~3차연도는 표를 삭제해도 무방하다.

연차별 사업비 요약

(단위 : 백만 원)

구분		정부 출연금	민간(기업)부담금			민간(수요처)부담금			합계
			현금	현물	소계	현금	현물	소계	
1차연도	금액	199.8	4.44	17.76	22.2	-	-	-	222
	%	90%				-	-	-	100%
2차연도	금액	-	-	-	-	-	-	-	-
	%	-	-	-	-	-	-	-	100%
3차연도	금액	-	-	-	-	-	-	-	-
	%	-	-	-	-	-	-	-	100%
합계	금액	199.8	4.44	17.76	22.2	-	-	-	222
	%	90%	2%	8%	10%	-	-	-	100%

이렇게 전체 사업비를 작성하였다면, 직접비와 간접비에 대한 금액을 구하여 비목별 총괄을 작성할 수 있다.

연차별 총사업비(합계)를 직접비, 간접비 투입 금액으로 구분하여 작성할 수 있고, 각 항목은 현금과 현물로 구분하여 기재해야 한다. 과다 계상된 사업비는 평가 시 감점 요인이 될 수 있으므로 규정에 맞도록 적정하게 책정해야 한다.

직접비는 인건비, 연구 활동비, 연구 수당, 위탁연구개발비로 구분되고, 간접비는 영리기관과 비영리기관으로 구분하여 작성해야 한다.

중소기업청의 창업성장 과제의 경우 영리기관이 주관기관이기 때문에 영리기관에 대한 간접비 산정 내용을 살펴보면, 연구실안전관리비, 연구보안관리비(보안관제서비스 비용 포함), 연구윤리활동비 및 성과활용지원비(지식재산권 출원·등록비, 기업신용평가비, 기술자료임차비 등)만 인건비(미지급 인건비는 제외한다)와 직접비(미지급 인건비, 연구장비·재료비의 현물 및 위탁연구개발비는 제외)의 5% 이내에서 실제 필요한 경비로 계상 가능하다고 되어 있다.

일반적으로 영리기관에서 간접비는 연구윤리활동비 및 성과활용지원비로 산정하여 사용한다. 위의 금액에서는 직접비를 217백만 원으로 구할 수 있으며, 여기에는 현금 199.24백만 원과 현금 17.76백만 원이 포함되었다. 간접비는 5백만 원으로 직접비의 약 2.3%이다. 향후 지재권 확보나 신용평가비 등에 대한 비용으로 책정한 것이고, 전문기관에서 가이드라인을 주기 때문에 세부 내용은 사업비 조정 시에 반영해도 된다.

위의 사업비 요약을 바탕으로 사업비 총괄표를 작성해 보면 다음과 같다.

사업비 총괄

(단위 : 천 원)

	구분		현금	현물	소계
1차연도	직접비	내부 인건비 기존	17,760	17,760	35,520
		내부 인건비 신규	90,000	–	90,000
		외부 인건비			
		연구장비·재료비(바우처 외 비용)	39,980	–	39,980
		연구활동비(바우처 외 비용)	20,000	–	20,000
		연구과제추진비			
		연구수당(해당 시)	–	–	–

구분				현금	현물	소계
1차연도	직접비	바우처비	위탁연구개발비 직접비	30,000		30,000
			간접비	1,500		1,500
			연구시설·장비사용료			
			전문가활용비	–		–
			연구개발서비스활용비			
		소계		199,240	17,760	217,000
	간접비 (현금)	인력지원비				
		연구지원비				
		성과활용지원비		5,000		5,000
		소계		5,000		5,000
	1차연도 합계			204,240	17,760	222,000

 비목별 금액 작성 시 각 사업에 대한 관리지침이나 규정을 반드시 확인하여 작성하여야 하며, 중기청 사업의 경우 일반적으로 인건비는 내부 인건비와 외부 인건비로 나누어 작성한다. 인건비는 업종에 따라 다르며, 계상비율은 반드시 확인하여 작성해야 한다. 소프트웨어의 경우 100% 전부 인건비로 해도 상관없지만, 인건비 비중이 너무 크면 감점 요인이 될 수 있다. 평가위원에 따라, 흔히 말하는 '좀비기업'이라는 선입견을 가질 수 있다.

 또한 인력 구분에 따라 현금계상비율이 다르고, 일반 제조업의 경우는 기존 인력에 대해서는 현금계상이 안 되고, 신규 인력에 대해서는 해당 인력 인건비의 100%까지 계상 가능하다. 지식 서비스 등의 경우는 기존 인력일지라도 해당 인력 인건비의 50%까지 가능하며, 단 기존 인력 인건비 총액(현금+현물)이 총사업비의 50%를 초과할 수 없게 제한하고 있다. 신규 인력의 인건비는 해당 인력 인건비의 100%까지 가능하다.

 아래 예는 제조업과 지식 서비스업 인건비의 현금계상의 예이다. 제조업과 서비스업의 기존 인력에 대한 현금계상 가능 여부에 따라 인건비에 대한 총 현금계상비율이 달라지는 것을 확인할 수 있다.

> 예 총사업비 : 222백만 원(현금 204.24백만 원, 현물 17.76백만 원)
> • 기존 인력 : A연구원, 연봉 50백만 원, 업종별 참여율 자유롭게 조정
>   　　　　　 B연구원, 연봉 60백만 원, 업종별 참여율 자유롭게 조정

- 신규 인력 : C연구원, 연봉 30백만 원, 참여율 100%

　　　　　　D연구원, 연봉 30백만 원, 참여율 100%

　　　　　　E연구원, 연봉 30백만 원, 참여율 100%

위 샘플의 경우, 각 업종에 따른 인건비는 다음과 같이 구할 수 있다.

[일반 제조업의 경우]

- 총인건비 : 107.76백만 원(현금 90백만 원, 현물 17.76백만 원)
- 인건비의 최대 현금계상 가능 금액 : 60백만 원(현물 17.76백만 원)
  - 기존 인력

    A연구원, 현금계상 불가, 현물 8.76백만 원(-0.24백만 원), 참여율 18%

    B연구원, 현금계상 불가, 현물 9백만 원, 참여율 15%
  - 신규 인력

    C연구원, 현금 30백만 원[연봉(30백만 원)×참여율(100%)×신규 인력 현금계상비율(100%)]

    D연구원, 현금 30백만 원[연봉(30백만 원)×참여율(100%)×신규 인력 현금계상비율(100%)]

    E연구원, 현금 30백만 원[연봉(30백만 원)×참여율(100%)×신규 인력 현금계상비율(100%)]

[지식 서비스의 경우]

- 총인건비 : 125.36백만 원(현금 107.76백만 원, 현물 17.76백만 원)
- 인건비의 최대 현금계상 가능 금액 : 77.76백만 원
  - 기존 인력

    A연구원, 현금 8.76백만 원[연봉(50백만 원)×참여율(36%)×지식 서비스 현금계상비율(50%)]

    B연구원, 현금 9백만 원[연봉(60백만 원)×참여율(30%)×지식 서비스 현금계상비율(50%)]
  - 신규 인력

    C연구원, 현금 30백만 원[연봉(30백만 원)×참여율(100%)×신규 인력 현금계상비율(100%)]

    D연구원, 현금 30백만 원[연봉(30백만 원)×참여율(100%)×신규 인력 현금계상비율(100%)]

    E연구원, 현금 30백만 원[연봉(30백만 원)×참여율(100%)×신규 인력 현금계상비율(100%)]

연구활동비는 총사업비의 10% 이내(연도별 최대 2천만 원 이내)에서 작성하도

록 한다. 연구수당의 경우는 비영리기관만 계상 가능하며, 해당 기관 인건비의 20% 이내로 설정할 수 있다. 일반적으로 기업의 경우 영리기관이기 때문에 해당사항이 없다.

위탁연구개발을 수행하고자 할 경우는 주관기관의 직접비 금액의 40% 이내에서 설정할 수 있기 때문에 본 예에서는 31,500천 원으로 설정하였다. 연구장비 및 재료비는 39,980천 원으로 설정하였으며, 이는 재료비에서 적은 금액을 계상할 수 있기 때문에 최종적으로 작성하였고, 간접비는 성과지원활용비 명목으로 5,000천 원으로 설정하였다.

간접비는 앞서 언급했듯이 해당하는 사항에 대하여 계상하고, 향후 협약 시 전문기관에서 별도의 요청이 있으면 이를 반영하여 사업계획서를 수정할 수 있다. 여기서는 각 비목별로 사업비를 배분하고, 세세한 사항에 대해서는 다음에 다루도록 한다.

지금까지 사업비 요약 및 총괄에 대하여 살펴보았다. 구체적인 연차별 사업비 총괄 작성하기는 앞서 작성한 연차별 총괄 내용을 참고하고, 반드시 해당 사업 관련 연구관리 규정 및 관련 지침에 따라 작성하도록 한다.

평가 준비

I. 평가 개요

정부 R&D 공고가 나오고 이에 따라 사업 신청을 했다면 다음 단계는 선정 평가이다. 선정 평가는 정부에서 지원할 과제를 선정하는 단계로 평가위원에 의해 지원할 우선순위 과제를 선정하는 것, 즉 정부 과제를 신청한 제안사들의 순위를 정하는 것이다. 지정공모 과제의 경우 과제 자체에서 지원하는 업체가 1개로 결정되었기 때문에 우선순위 업체가 포기하지 않는 한 별다른 변수가 없으며, 자유공모 과제의 경우 정책에 따라 지원 업체의 수를 조정하여 여러 개 지원할 수 있기 때문에 우선순위에 따라 선정 업체의 수가 달라질 수 있다.

평가와 관련한 내용은 각 사업마다 다르기 때문에 정부 R&D 공고 시에 첨부되는 관리규정 또는 지침을 확인하도록 한다.

정부 R&D 평가에는 서면 평가와 대면 평가가 있다. 서면 평가는 접수된 사업계획서의 충실성, 사업비 구성의 적정성 등을 중심으로 서면평가표에 따라 검토하여 점수를 부여한다.

대면 평가는 서면으로 잘 표현할 수 없었던 사업 내용을 효과적으로 이해시키고 가능성을 적극적으로 전달할 수 있는 기회이며, 말 그대로 평가위원들 앞에서 신청한 과제에 대하여 발표하는 것이다. 평가위원 입장에서는 서면 평가에서 궁금했던 내용에 대하여 알아볼 수 있는 기회이다.

신청 과제에 대한 발표는 제출된 사업계획서를 바탕으로 특별한 사유가 없는 한 주관기관의 과제 책임자가 함을 원칙으로 하고 있으며, 부득이한 경우 대신 발표할 수 있지만 평가위원들에게 좋은 인상이 남지는 않으니 가급적이면 과제 책임자가 진행하는 것이 바람직하다.

II. 서면 평가

1. 서면 평가 개요

서면 평가에 대한 대응은 사업계획서를 제출하기 전에 이루어진다. 실제로 제출하고 나면 별도로 수정할 수 없으며, 대면 평가에서 좋은 점수를 받을 수 있도록 준비해야 한다.

서면 평가를 받기 위해서는 미리 사업계획서를 작성하고, 평가자의 입장에서 서면 평가 항목을 바탕으로 검토한다.

서면 평가 항목 및 평가 배점을 확인하는 것은 미리 사업 평가자의 입장에서 사업계획서를 작성하여 좋은 점수를 받기 위한 것이다.

평가위원들은 하루에도 수많은 기술개발계획서를 평가하며, 평가위원들에게 좋은 사업 계획으로 평가받기 위해서는 평가 항목에 맞도록 사업계획서를 작성해야 한다.

서면 평가 항목은 각 부처의 규정에 따라 다르며, 중기청의 경우는 관리규정에 서면평가표, 대면평가표를 별지로 하여 제시하고 있다.

중기청의 서면 평가 항목 및 평가 배점을 확인해 보면, 사업 계획 필수 항목과 사업 계획 세부 항목으로 나누어 평가되며, 사업 계획 필수 항목은 사업 목적의 부합성과 유사·중복성 여부에 대한 평가 항목으로 구성되어 있다.

사업 목적에서는 사업 목적 및 세부 과제 신청 자격의 부합성을 결정하고, 중복성에서는 기생산 제품과의 유사·중복성, 기개발 지원 과제와의 유사·중복성의 적합·부적합 여부를 평가하도록 되어 있다.

사업 계획 세부 항목에서는 기술성 항목과 사업성 항목을 평가하며, 기술성 항목에서는 개발인력 및 개발장비 보유 및 확보 방안의 적정성을 4점부터 20점까지 점수를 주어 평가하고, 주관기관 등의 보유 기술 수준 정도를 3점에서 15점까지로 평가한다.

기술 개발 목표 및 개발 방법 역시 3점에서 15점까지 점수를 줄 수 있으며, 개발 기간의 적정성과 관련 기술 및 시장 동향의 정보 조사 충실성과 사업비 규모의 적정성 및 집행 계획의 합리성에 대해서는 2점에서 10점까지 점수를 줄 수 있다.

사업성 항목에서는 혁신 역량별 적합성을 평가한다. 연구 실적, 업력, 종업원 수 등에 대한 평가와 기술 개발 계획의 사업화 타당성에 대한 평가를 수행하며, 3점에서 15점까지 점수를 줄 수 있다.

따라서 개발인력 및 개발장비 보유, 확보 방안의 적정성과 주관기관 등의 보유기술 수준, 사업성 항목에서 높은 점수를 받도록 해야 한다.

서면평가표

〈첨부 1〉

창업성장 기술개발사업 서면평가표
(창업 과제, 창조경제, 1인 창조기업 과제)

사 업 명			
과제번호		평가일	20 . . .
과 제 명			
주관기관		과제 책임자	
참여 기업		위탁연구기관	

구분	평가 항목	평가지표	적합 여부 확인	
			적합	부적합
	1. 사업 목적과의 부합성	1-1 사업 목적 및 세부 과제 신청 자격의 부합성	( )	( )

구분	평가 항목	평가지표	적합 여부 확인	
			적합	부적합
사업 계획 필수사항 검토	2. 유사·중복성	2-1 기생산 제품과의 유사·중복성	( )	( )
		2-2 기개발 지원 과제와의 유사·중복성	( )	( )
※ 필수사항 검토는 각 평가지표별 부합 여부를 평가하여 1개 평가지표라도 부합하지 않을 경우 지원 제외하며, 모두 부합 시에 한하여 아래의 평가표를 작성				

구분	평가 항목	평가지표	평점				
			탁월	우수	보통	미흡	불량
사업 계획 세부 검토	3. 기술성 항목	3-1 개발인력 및 개발장비 보유 및 확보 방안의 적정성	20	16	12	8	4
		3-2 주관기관 등의 보유 기술 수준(연구 실적 등)	15	12	9	6	3
		3-3 기술 개발 목표 및 개발 방법, 개발 기간의 적정성	15	12	9	6	3
		3-4 관련 기술 및 시장 동향의 정보 조사 충실성	5	4	3	2	1
		3-5 사업비 규모의 적정성 및 집행 계획의 합리성	5	4	3	2	1
	4. 사업성 항목	4-1 목표시장의 규모(성장성) 및 진입 가능성	15	12	9	6	3
		4-2 경제적 파급 효과 및 사업화 실현 가능성	15	12	9	6	3
		4-3 수출·수입 대체 효과	5	4	3	2	1
		4-4 고용 창출 효과	5	4	3	2	1
합계							점
평가 의견							

평가위원   (인)

2. 서면 평가의 자가 평가 및 사업계획서 업데이트하기

사업계획서가 작성되었다면 사업계획서의 수준을 점검(평가)해야 한다. 사업계획서의 경우, 자가 평가를 해본 것과 하지 않은 것의 결과는 확연하게 차이가 난다.

평가표를 바탕으로 자가 평가를 해보며 사업 계획 세부 항목들을 보다 주의 깊게 살펴보면, 부족한 부분을 보완할 수 있다.

예를 들어, 기술성 항목은 세계 으뜸 기술이거나 전무후무한 혁신적인 기술이라고 적어 놓고는 선도적인 기업이나 국가의 기술 대비 70% 정도라고 비교 결과값을 기재하는 아이러니한 상황들을 찾아 수정할 수 있다.

사업성 항목은 보유하고 있는 자원의 역량과 계획의 추진력 등을 점검하는 것으로 단순히 몇 명이 있으면 문제가 다 해결될 수 있다는 식의 접근보다는 현재 확보된 인적자원으로 최소 목표 달성 수준을 제시하고, 발생된 수익이나 기술 개발 결과물로 성과의 확대를 지속적으로 도모해 나가겠다는 계획이 보다 현실적인 대안이 될 수 있다.

사업 추진 역량 측면에서는 우리 기업이 1인 창조기업, 창업 초기 기업이라면, 개발인력 및 개발장비 확보 여부에 대하여 낮은 점수를 받을 수 있다. 따라서 이 부분을 보완하기 위하여 연구개발을 할 수 있는 대학 연구소나 유사 연구개발 업체와 컨소시엄을 이루어 과제를 진행한다면, 당연히 우수한 개발인력 및 개발장비 측면에서 단독으로 진행할 때보다 훨씬 개선되기 때문에 초기 기업의 약점을 보완할 수 있다. 이는 창업 초기 기업이지만 과제 선정 시 향후 사업 추진 역량의 애로사항을 충분히 극복해 나갈 수 있다는 것을 보여 주는 것이다.

자가 평가를 통해 부족하거나 너무 과한 부분은 수정·보완하고 기존의 사업계획서를 업데이트해야 하며, 이때 사업계획서는 나중에 혼동되지 않도록 버전 관리를 해야 한다.

이러한 자가 평가는 혼자 진행하면 스스로의 논리에 빠져 개선이 되지 않을 수 있기에 제3자의 안목과 판단을 활용하는 것이 좋다. 가급적이면 모든 항목이 우수 수준 이상이 될 수 있도록 기획하는 것이 좋으며, 모든 분야가 우수 항목에 해당한다면 총점 80점 정도가 배정된다. 통상 70점 이상이면 긍정적으로 평가한 것이라 보기에 기본적인 수준은 넘어선 것으로 볼 수 있다.

일반적으로 사업 공고가 나면 그때부터 사업계획서를 작성하는 경우가 많다. 이러한 경우 접수 마감일에 맞춰 정부 사업계획서 양식의 항목 채우기에 바빠 제대로 된 검토 없이 제출하기 쉽다. 따라서 사업계획서를 미리 작성하고, 작성된 사업계획서를 서면평가표에 따라 자가 평가를 해보거나 주위 전문가에게 자문을 구해 평가를 한다면, 서면 평가에 대한 준비라 할 수 있겠다.

III. 대면 평가

1. 대면 평가 개요

서면 평가가 끝났다면 평가기관에서 대면 평가 일정을 통보한다. 대면 평가는 사업 운영기관에서 기본적인 심사를 진행한 후 최종 제안자에게 직접 사업계획과 기대 효과를 들어 보며 서류상으로는 부족하지만 진정성과 가능성이 있는지 확인해 보는 기회다.

각 부처 평가기관에서는 서면 평가만으로 과제 평가를 하다 보면 서류 준비를 잘하는 사람은 좋은 평가를 받고, 잘하지 못하거나 경험이 부족한 사람은 좋은 점수를 받지 못하기 때문에 대면 평가를 통하여 이러한 부분을 해소하려고 한다.

평가위원 입장에서도 서면 평가만으로 과제를 평가하기에는 다소 부족한 부분이 있기 때문에 이를 보완하여 좋은 과제를 선정하기 위하여 대면 평가를 실시한다고 볼 수 있다.

일반적으로 대면 평가는 PPT 문서를 빔 프로젝터를 이용하여 스크린에 띄워 놓고 발표하는 프레젠테이션 방식으로 이루어진다. 프레젠테이션 시 말과 글로만 사업 내용을 전달하기 어려운 경우에는 사진이나 동영상, 이미지 등을 활용하여 평가위원에게 호소할 수 있다. 이는 문서 작성에 미숙한 사람에게 좋은 방법이다.

대면 평가 시간은 과제마다 다르지만, 20분 정도 발표하고 20분 정도 질의응답하는 식으로 진행되는 경우가 많으므로 스토리텔링(storytelling)을 잘 구성한다면 평가에서 좋은 결과를 도출할 수 있다.

대면 평가 일정이 통보되면 기관에서는 규정에 따라 평가위원회를 구성하고 과제별 특성과 신청 기업의 지역적 위치에 따라 평가 장소와 평가위원 배정을 진행하게 된다.

신청 과제에 대한 발표는 제출된 사업계획서를 바탕으로 특별한 사유가 없는 한 주관기관의 과제 책임자가 하는 것을 원칙으로 하며, 주관기관 과제 책임자의 출장 등 부득이한 경우에 한하여 대표자 또는 주관기관의 참여 연구원이 대신할 수 있다.

평가위원은 서면 평가 및 현장조사의 결과, 사업계획서 내용, 과제 책임자의 발표 내용, 단독 또는 협력 연구의 효과성 등을 종합적으로 검토하여 대면 평가표에 따라 평가하고, 현금 인건비, 기자재 구입 등 사업비의 적정성 등에 대하여 면밀히 검토하도록 되어 있으므로 과제 책임자는 구비서류와 비용 집행 계획에 대해 잘 파악하고 평가에 임해야 한다.

일반적으로 평가위원 평점은 보통 위원별 점수 중 최고, 최저를 뺀 합계의 산술 평균점수로 하고 있다. 따라서 평가위원들에게 고른 평점을 받는 것이 중요하며, 일부 평가위원의 호응에 긴장감과 침착함을 잃지 않도록 마인드컨트롤을 해야 한다.

$$대면\ 평가\ 평점 = \frac{평가\ 점수\ 합계-(최고\ 점수+최저\ 점수)}{평가위원\ 수-2}$$

대면 평가가 완료되면 관리기관 또는 전문기관은 대면 평가 결과에 따라 심의조정위원회에 상정할 과제를 선정하게 된다(심의조정위원회 추천 대상 : 60점 이상, 심의조정위원회 추천 제외 : 60점 미만).

심의조정위원회에서는 종합평점에 따른 우선순위, 주관기관의 과제 수행 역량, 지원 예산 규모 등을 고려하여 과제 선정 및 지원 후보 과제 등을 최종 확정하며, 그 결과를 중소기업청에 보고하고 전문기관에 통보하는 과정을 진행하게 된다.

> 종합평점=대면 평가 평점+우대배점-감점

전문기관은 지원 후보 과제의 경우, 필요 시 세부 사업별 예산 범위에서 사업계획서에 대한 보완, 사업비 조정 등의 절차를 거쳐 지원 과제로 확정할 수 있다. 심의조정위원회의 과제 선정이 끝나면 전문기관은 관리기관에 선정 결과를 통보하고, 관리기관은 과제 선정 결과를 주관기관에 통보하며, 선정된 주관기관에게는 협약과 관련한 사항을 안내하게 된다.

2. 대면 평가 준비하기

대면 평가는 이러한 절차에 따라 이루어지기 때문에 대면 평가 항목을 확인하고, PPT 자료를 작성해야 효과적인 대처가 될 수 있다.

평가 항목은 각 부처마다 다르지만, 중소기업청의 경우 기술성 30점, 사업성 30점, 사업 계획 30점, 경영자 능력 10점으로 구분되어 있다. 중소기업청 과제 대면평가표의 평가 항목에 따라 본인에게 유리한 항목은 어느 것이고 보완과 어필이 필요한 항목은 어느 것인지 미리 선정하여 준비하는 것이 평가에 능동적으로 대처할 수 있는 방법이다.

- **기술성** : 기술경쟁력과 기술 개발 실현성이 평가 항목으로 구성되어 있다. 경쟁기술 대비 기술적 차별성 및 우수성, 기술적 관점에서의 해당 기술 개발의 가능성을 평가지표로 하고 있다. 평점은 탁월, 우수, 보통, 미흡, 불량의 5단계로 이루어진다.
- **사업성** : 시장 성장 가능성, 사업화 실현 가능성이라는 평가 항목이 주어진다. 해당 시장의 5년간 평균 성장률이 평가지표이며, 20% 이상, 15~20%, 10~15%, 5~10%, 5% 미만일 경우에 따라 점수가 달라진다.
- **목표시장 진입 가능성** : 경쟁 정도, 법적·제도적·정책적 규제 등의 영향에 대한 위험 수준을 말한다. 이 항목도 15, 12, 9, 6, 3점, 5단계로 평점을 주게 되어 있다.
- **사업 계획의 평가 항목** : 계획, 추진, 비용으로 구성되며, 계획의 경우 평가지표가 사업 계

획의 체계성(목표 및 추진 내용 등 사업계획서 작성의 충실성)이고, 5점 최고 점수로 배정되어 있다. 투입 인력의 적정성 또한 5점이 최고 점수이다.

- **추진 항목** : 사업 전략의 타당성(위험관리)에 대한 내용으로, 10, 8, 6, 4, 2점으로 구성된다.
- **비용 항목** : 사업비 산정의 적정성을 평가한다. 10, 8, 6, 4, 2점으로 구성된다.
- **경영자 능력** : 전문성과 창업자의 의지를 평가한다. 전문성은 해당 분야에 대한 경영자(창업자)의 전문성을 평가하는 것으로, 5, 4, 3, 2, 1로 평점을 줄 수 있다. 창업자 의지에 대한 평가 항목의 평가지표는 창업자의 기술 개발 및 사업화에 대한 의지 등 기업가 정신(충족 항목 수)을 평가하는 것으로, 이 또한 5, 4, 3, 2, 1로 평점을 줄 수 있다.

중소기업청의 창업 과제에 따른 대면 평가를 준비한다면 창업 과제 대면평가표를 참고하여 준비하면 된다. 대면 평가는 제출한 사업계획서의 내용 중에 미처 설명을 다 못한 부분이나 표현이 미진했던 부분을 보완하여 설명한다는 개념으로 접근해야 한다.

제출한 서류와 완전히 다른 내용을 제시한다든지 서류상에 제시되지 않은 제3의 사람이 등장하여 설명이나 평가에 참여하는 경우는 부정적인 평가를 받을 수 있다.

그러므로 주어진 시간 내에 충분히 하고 싶은 말과 정보를 전달할 수 있게 연습하고 준비하도록 한다. 대면 평가 자료에 동영상이 포함되어 있다면 발표 장소 컴퓨터에 동영상 플레이 응용 프로그램이 설치되어 있는지 미리 확인해야 한다.

〈별지 제4-③호〉

과제번호		간사	
중소기업 기술개발사업 대면평가서 (창업 과제, 1인 창조기업 과제, 전문엔젤주도형 고급기술 창업 프로그램)			
사 업 명			
과 제 명			
주관기관		과제 책임자	
참여 기업		위탁연구기관	

조정 결과		평가일자	20 . . .
1. 개발 목표 및 내용		– 위원별 의견을 취합 정리 – 개발 목표 및 내용 조정 의견 명기	
2. 개발 기간		– 개발 기간 조정 의견 명기	
3. 사업비	비목	조정 의견	
	직접비	– 인건비 조정 의견 명기 – 연구장비·재료비 등 조정 의견 명기 – 위탁연구개발비 조정 의견 명기	
	간접비	– 간접비 조정 의견 명기	
	총계	– 사업비 관련 추가 조정 의견 명기	
4. 기타 조정사항		– 추가 조정 의견 명기	
5. 기자재 검토 의견		– 부가세 포함 3천만 원 이상인 기자재에 대한 검토 의견 명기	

평가위원회 위원장   (인)

3. 발표 시나리오 준비하기

일반적으로 서면 평가 점수보다 대면 평가 점수가 높기 때문에 최종적으로 과제에 선정되기 위해서는 대면 평가가 중요하며, 대면 평가가 평가위원 앞에서 발표를 통해 제안한 기술이 꼭 필요한 기술이고, 꼭 지원을 받아야 한다는 것을 납득시키는 자리이기 때문에 발표를 잘해야 한다.

발표를 잘하는 묘책은 없으며, 발표를 잘하기 위해서는 연습을 하는 방법밖에 없다.

발표를 잘하기 위해서는 일종의 쇼맨십도 필요하고, 정확한 어투, 짧은 시간 내에 제안하려는 내용을 잘 전달하기 위한 시간 안배, 중요한 부분과 그렇지 않은 부분에 대한 강약 그리고 발표자의 성의, 표정 등도 필요하다. 평소 그런 연습을 하지 않았던 사람이라면 어색하고 막막하게 느껴질 수 있다.

그래도 차근차근 준비하면 어느 정도는 개선이 되고, 이러한 노력은 당연히 평가 현장에서 평가위원들에게 전달된다. 콘티에 따라 대본을 미리 작성하여 시간을 측정해 가며 연습해 본다. 이때 비디오나 녹음기로 녹화나 녹음을 해 보고 다시 들어 보면서 어느 부분에서 목소리가 떨리고 자세가 흔들리는지를 확인하면서 준비한다.

> **발표 준비 요령**
>
> ① PPT로 작성된 내용을 가지고 어떤 스토리로 어떻게 발표할지 계획한다.
>
> ② 스토리를 바탕으로 15분, 20분, 30분과 같이 전문기관에서 할당한 시간에 맞추어 대본을 작성한다. 대본은 주어진 시간 내에 내가 첫째 단계에서 계획한 스토리대로 발표하는 내용을 글로 작성하는 것이다.
>
> ③ 중요한 부분과 그렇지 않은 부분을 체크한다. 발표 시에 중요한 부분은 강조하여 발표하고, 그렇지 않은 부분은 시간 안배상 건너뛸 수도 있기 때문이다.
>
> ④ 정확한 말투로 발표하는 연습을 한다. 사투리보다는 표준어를 사용하도록 한다.
>
> ⑤ 중요한 부분과 그렇지 않은 부분, 절실함 등이 나타나도록 표정 연습도 한다.
>
> ⑥ 스크립트를 보지 않아도 될 만큼 충분히 연습한다.

마지막으로 대면 평가 자료는 꼭 컬러로 인쇄하여 스프링바인더에 끼워 잘 정리해 가도록 한다. 실제로 평가 현장에 나가 보면 이런 사소한 것들이 기업의 첫인상을 만들어 주어 알게 모르게 평가에 영향을 미치기 때문에 지나치기 쉬운 이런 작은 것 하나까지도 꼭 체크해서 준비해야 한다.

복장은 단정하고 신뢰감을 줄 수 있는 복장이어야 하며, 점퍼나 운동화 차림은 지양하도록 한다.

ICT정부 R&D 지원금 아낌없이 활용하기

발 행 일 2017년 5월 10일 초판 1쇄 발행
　　　　　　2018년 1월 10일 초판 2쇄 발행

저　　자 김영모

발 행 처 크라운출판사
　　　　　　http://www.crownbook.com

발 행 인 이상원
신고번호 제 300-2007-143호
주　　소 서울시 종로구 율곡로13길 21
대표전화 02)745-0311~3
팩　　스 02)765-3232
홈페이지 www.crownbook.com
ISBN 978-89-406-3462-2 / 03550

특별판매정가 17,000원

이 도서의 판권은 크라운출판사에 있으며, 수록된 내용은 무단으로 복제, 변형하여 사용할 수 없습니다.
Copyright CROWN, ⓒ 2018 Printed in Korea

이 도서의 문의를 편집부(02-6430-7012)로 연락주시면 친절하게 응답해 드립니다.